Paul Scheffer-Boichorst

Die Neuordnung der Papstwahl durch Nikolaus ii.

Texte und Forschungen

Paul Scheffer-Boichorst

Die Neuordnung der Papstwahl durch Nikolaus ii.
Texte und Forschungen

ISBN/EAN: 9783743300606

Hergestellt in Europa, USA, Kanada, Australien, Japan

Cover: Foto ©Lupo / pixelio.de

Paul Scheffer-Boichorst

Die Neuordnung der Papstwahl durch Nikolaus ii.

DIE
NEUORDNUNG DER PAPSTWAHL
DURCH NIKOLAUS II.

TEXTE UND FORSCHUNGEN ZUR GESCHICHTE DES PAPSTTHUMS IM 11. JAHRHUNDERT.

VON

PAUL SCHEFFER-BOICHORST.

STRASSBURG.
VERLAG VON KARL J. TRÜBNER.
1879.

INHALT.

DIE BEGRÜNDUNG DURCH EINEN KANON LEOS I. 86—90.

Die Wunderlichkeiten des Kanons im Zusammenhange der päpstlichen Fassung 86. 87. Dennoch keine Verfälschung, weil kein unechter Beleg für einen erweislich echten Satz anzunehmen ist 88, weil der Kanon ein allgemeines Postulat der Zeit enthält 88, weil es dabei auf die Zahl der Wahlfaktoren, nicht auf deren Befugniss abgesehen ist 89, weil ein Satz desselben durch Worte des Anathems bedingt wird 89. 90. Grund zur Beseitigung in der kaiserlichen Fassung 90.

DAS RECHT DES KÖNIGS . . . . 91—104.

Bedeutung des königlichen Rechtes in der päpstlichen Fassung 91. Widerlegung der These, dass es in derselben als Zustimmung bezeichnet sein müsse 92 bis 94. Das königliche Recht in der kaiserlichen Fassung als Bestätigung des Kandidaten 94 bis 97. Ist dem Könige die Bestätigung des Kandidaten oder erst des Gewählten zuerkannt? 97. Bedeutung der bezüglichen Stelle in Damianis Disceptatio synodalis 97 bis 101. Kein Zugeständniss Damianis im Sinne der kaiserlichen Fassung 101. 102. Zeugnisse gegen die Bestätigung des Kandidaten in Damianis Brief an Cadalus und beim Deusdedit 102. 103. — Ueber das Recht des Königs, bei der Bestimmung des Wahlortes mitzuwirken 103. 104.

DIE VERMITTLUNG DES KANZLERS WIBERT . . 105—108.

Grund für Imperialisten und Papisten, der Vermittlung zu gedenken 105. Unwahrscheinlichkeit der Vermittlung: wegen des dem Reiche zugemutheten Verzichtes 106. 107, wegen der durch das Dekret ausgeschlossenen, von Heinrich IV. behaupteten Erblichkeit des Rechtes 107, wegen der schimpflichen Zurückweisung des Kardinals Stephan als des Ueberbringers des Dekretes 108.

D. ÜBER DEN URSPRUNG DER FÄLSCHUNG 109—116.

Keine Bezugnahme auf die kaiserliche Fassung in dem Briefe der deutschen Bischöfe von 1076 S. 109, in der Brixener Erklärung von 1080 S. 110. Auch keine Rechtfertigung für das Papstthum Wiberts 110 111. Keine Fälschung aus Regierungskreisen: wegen der von Heinrich IV. behaupteten Erblichkeit des königlichen Rechtes 111. 112, wegen seiner Bereitwilligkeit, dem Volke und Klerus einen Antheil an der Wahl einzuräumen 112, wegen seiner über die Fälschung hinausgehenden Ansprüche 112. 113. Die Wibertisten nicht die Fälscher 114. Mögliche Zwecke der Fälschung 114. 115. Zusammenhang derselben mit der Zurückdrängung der Geistlichen und Laien und mit der Concurrenz, welche die Kardinalkleriker den Kardinalbischöfen gemacht haben 114 116.

EINLEITUNG.

Wie es ihm gefiel, hatte Heinrich III. die Päpste ernannt. Gleichsam nur in einer besonders guten Laune hatte er den Römern, die doch wenigstens den Schein einer selbstständigen Entscheidung zu wahren wünschten, eine nachträgliche Wahl gestattet. Kaum aber war er gestorben, da benutzte eine von hierarchischem Geist erfüllte Partei die höchst günstige Lage der Dinge, den ersten Schritt zur Emancipation des Papstthums zu thun. Für den minderjährigen Heinrich IV. führte eine schwache Frau die Regierung; — wie hätte man nicht versuchen sollen, an Stelle der Ernennung durch den weltlichen Machthaber eine geregelte, kirchliche Wahl zu setzen? Es geschah durch die Papstwahlordnung vom Jahre 1059, welche Nikolaus II. oder vielmehr der hinter ihm stehende Mönch Hildebrand, nachmals Gregor VII., auf einer Versammlung fast nur italienischer Bischöfe[1] erliess.

Die Papstwahlordnung ist uns in zwei sehr verschiedenen Fassungen überliefert. Ich nenne die eine die „kaiser-

[1] Aus den Unterschriften des Dekretes, aus Bonitho ap. Jaffé Bibl. rer. Germ. II. 643, aus einer Urkunde bei Mabillon Annal. ord. Bened. IV. 686 sind uns die Namen von 82 anwesenden Bischöfen bekannt. Wenn nicht unter den Zeugen Rofredus episcopus Atestensis und Willehelmus episcopus Pampuliae, deren Heimat ich nicht nachweisen kann, zwei Citramontane verborgen sind, so waren es insgesammt Italiener, mit Ausnahme des Erzbischofs von Besançon und des Bischofs von Autun, also eines Reichsburgunders und eines Franzosen. Dass noch andere Nichtitaliener zugegen gewesen seien, lässt sich wenigstens nicht nachweisen. Freilich behauptet Giesebrecht Kaiserzeit

liche“, weil sie dem Kaiser, wenngleich ihm die einfache Ernennung genommen wird, doch ein bestimmteres Recht zuerkennt; danach soll die andere, wäre es auch nur wegen des Gegensatzes, als die „päpstliche“ bezeichnet werden.

Beide Fassungen lassen sich nicht in Einklang bringen: die eine oder die andere muss gefälscht sein; und es ist nun die Frage, ob dem Kaiser eine Theilnahme an der Wahl selbst, ein Eingreifen vor definitiver Entscheidung zugestanden[1], ob sein Recht nicht vielmehr in einer allgemein gehaltenen, ebenso viel als wenig einräumenden Phrase umgangen wurde. In ersterem Falle wurde ihm sogar gestattet, betreffs des Ortes, in welchem die Papstwahl vorgenommen werden sollte, wenn sie in Rom nicht stattfinden könne, ein massgebendes Wort mitzusprechen; in letzterem kann von solcher Befugniss keine Rede sein. Ferner weiss nur die kaiserliche Fassung, dass über das Mass der Rechte, welches dem Kaiser eingeräumt wird, mit dem deutschen Hofe verhandelt worden, dass das Ergebniss der Vermittlung des Kanzlers Wibert zu danken sei. Aber nicht bloss in Betreff des kaiserlichen Rechtes gehen beide Fassungen auseinander, sondern auch in Rücksicht auf die Wähler. Die päpstliche schafft eine Wahl von durchaus oligarchischem Charakter: die eigentliche Entscheidung über den Stuhl Petri soll in der Hand der sieben Kar-

III. 1085 4. Aufl., nach den Briefen bei Mansi Coll. conc. XIX. 900. 901 stehe fest, „dass nicht wenige französische Bischöfe anwesend waren“. Aber die von ihm angezogenen, der Daten entbehrenden Reverse der Bischöfe von Troyes, Nevers und Meaux, dass Papst Nicolaus auf einem römischen Conzil, welchem sie beigewohnt hätten, dem Kloster Vendôme die Cella Credonensis zuerkannt habe, beziehen sich auf das römische Conzil von 1061: eben während desselben, am 27. April 1061, ertheilt Nikolaus dem Kloster Vendôme ein umfassendes Privileg, auch betreffs der Cella Credonensis, worüber vor ihm eine Klage erhoben sei u. s. w. Launoii Opera III.ª 354. So wäre der Beweis: an den epochemachenden Beschlüssen vom April 1059 seien in einer irgendwie nennenswerthen Vertretung auch andere Nationen betheiligt gewesen, als die Italiener, — wäre dieser nicht unwichtige Beweis noch zu erbringen.

[1] Dass dies der Sinn des betreffenden Satzes der kaiserlichen Fassung sei, werde ich später zeigen.

dinalbischöfe liegen; die sogenannten Kardinalkleriker, deren eine grosse Zahl war, sollten gleich der Geistlichkeit und dem Volke nur zustimmen können. Und dieser Modus wird dann durch einen Kanon Leos I. gerechtfertigt. Nicht anders soll es sein, wenn die Wahl ausserhalb Roms stattfinden muss, nur dass da die Zustimmung auch nur weniger Kleriker und Laien genügt. Geistlichkeit und Volk will die päpstliche Fassung, wie die zweimalige Erwähnung zeigt, also durchaus nicht von aller Theilnahme ausschliessen; — die kaiserliche hat der Geistlichkeit und des Volkes in kaum bemerkbarer Weise gedacht.[1] Aber sie verfolgt darum doch keineswegs eine noch aristokratischere Tendenz, als die päpstliche, denn sie überträgt das Wahlrecht nicht etwa auch den sieben Kardinalbischöfen, sondern der Gesammtheit der Kardinäle. Von dem Kanon Leos I., mit dem die päpstliche Fassung ihren Modus rechtfertigt, ist hier keine Rede. Wenn die Wahl ausserhalb Roms stattfindet, bedarf es als Wähler nur weniger Kardinäle: an die Stelle einer kleinen Anzahl von Geistlichen und Laien Roms, deren Zustimmung nach dem päpstlichen Wortlaut genügen sollte, wenn die Kardinalbischöfe nicht in der ewigen Stadt selbst den Stuhl Petri neubesetzen können, tritt nach dem kaiserlichen die Wahl weniger Kardinäle. Der Ort soll ja aber nach Gutheissung des Kaisers gewählt werden: man sieht, wie hier dessen Einfluss entscheiden muss. Doch auch die Bestimmung, dass die Gesammtheit der Kardinäle, nicht bloss das Siebenerkolleg der Kardinalbischöfe wählen soll, lässt sich zu Gunsten des Kaisers deuten. Denn unter einer grösseren Anzahl von Wählern wird man immer eher eine Partei werben können, als unter einer kleinen. Nur die Zurückdrängung der lediglich zustimmenden Geistlichen und Laien möchte ich, wenigstens im Princip, nicht auf eine kaiserliche Tendenz beziehen. Da müsste sich schon im Besonderen zeigen lassen, dass die Römer zur Zeit, da die Wahl-

---

[1] Ich müsste statt: „der Geistlichkeit und des Volkes" eigentlich sagen: „eines anderen Standes, als der Kardinäle". Eine gewisse Theilnahme auch von Nicht-Kardinälen ist nämlich in den Worten in-primis cardinales etc. vorausgesetzt.

ordnung gegeben wurde, eine Deutschland feindliche Haltung einnahmen: eben nur dann würde der sonst durchgehenden Absicht, dem Kaiser möglichst weiten Spielraum zu gewähren, auch die Uebergehung der römischen Masse entsprechen.

Nach dieser Charakteristik der Gegensätze, die zwischen der kaiserlichen und päpstlichen Fassung bestehen, werde ich nicht weiter zu entwickeln brauchen, von welcher Wichtigkeit der Beweis der Echtheit oder Unechtheit ist. Es handelt sich doch um mehr, als um ein blosses Stadium in der Geschichte der Papstwahlen, um diesen oder jenen Modus: die Würdigung des ganzen Verhältnisses zwischen Kaiserthum und Papstthum, wie es sich in der zweiten Hälfte des 11. Jahrhunderts gestaltet hat, wird von der Beantwortung unserer Frage beeinflusst. Daraus erklären sich denn auch die zahlreichen Versuche,[1] die seit einem Menschenalter gemacht sind, um zwischen den beiden Texten endgültig zu entscheiden. Die Urtheile gehen noch immer auseinander: eine eigene Literatur, deren Einzelheiten zu beherrschen sogar seine Schwierigkeiten hat, ist in dem Widerstreit der Meinungen entstanden, und noch im vorigen Jahre erschienen zwei Unter-

---

[1] Für die päpstliche Fassung haben sich entschieden:

a) E. Cunitz De Nicolai II. decreto de electione pontificum Romanorum. Argentorati 1837. Dieser sehr verdienstlichen Abhandlung sind im Wesentlichen gefolgt: Gieseler Kirchengesch. II. 236 ff. 4. Aufl. und Philipps Kirchenrecht V. 793 ff.

b) G. Waitz Ueber das Dekret des Papstes Nicolaus II. Forsch. z. dtsch. Gesch. IV. 103—119. Weitere Bemerkungen zu dem Dekrete des Jahres 1059 a. a. O. VII. 401—409. Das Dekret über die Papstwahl im Codex Udalrici a. a. O. X. 614—620. Ueber eine Handschrift des Wahldekrets Papst Nikolaus II. a. a. O. XVIII. 179.

c) R. Zoepffel Die Papstwahlen u. s. w. vom 11. bis zum 14. Jahrhundert. Göttingen 1871.

d) C. Weizsäcker Die Papstwahl von 1059 bis 1130. Jahrbücher f. dtsche. Theologie 1872. 494—525.

e) von Hefele Das Dekret über die Papstwahl von Nikolaus II. Tübing. theol. Quartalschrift 1878. 257—293. Daraus wiederholt in desselben Autors Conziliengesch. IV. 800—823. 2. Aufl.

Von den Vertheidigern der kaiserlichen Fassung nenne ich:

a) C. Will Die Anfänge der Restauration der Kirche im 11. Jahr-

suchungen, die zu ganz entgegengesetzten Ergebnissen führten. Möchte es mir gelingen, die Controverse endlich zu beseitigen! Das wäre genug, auch wenn es nur mit den schon bekannten Mitteln geschähe. Aber ich hoffe auch, dass meine Arbeit die Meinung Giesebrechts, es werde sich über den Gegenstand wesentlich Neues kaum beibringen lassen, nicht überall bestätigt.

---

hundert II. 166–172. Vgl. dazu Hergenröther in Tüb. theol. Quartalschrift 1865. 318–327.

b) R. Usinger Gött. Gel. Anz. 1870. I. 128–135.

c) W. Bernhardi Das Dekret Nikolaus II. über die Papstwahl. Forsch. z. dtsch. Gesch. XVII. 397-408.

Gegen beide Fassungen haben sich ausgesprochen:

a) C. Will Ueber die Fälschung des Dekrets Papst Nikolaus II. über die Papstwahl. Forsch. z. dtsch. Gesch. IV. 535–540.

b) H. Saur De statuto Nicoli II. Bonnae 1866.

c) von Giesebrecht Das echte Dekret Nikolaus II. über die Papstwahl. Münchener hist. Jahrbuch 1866. 156–180.

d) Hinschius System des katholischen Kirchenrechts I. 248–261.

DIE HANDSCHRIFTEN UND TEXTE.

Von der päpstlichen Fassung sind mehrere Texte längst durch den Druck bekannt. Ich beginne mit Ivo von Chartres, der das Dekret in seiner Panormie III. 1 mitgetheilt hat. Nicht viel früher oder später, zwischen 1100 und 1106, hat Ivos Freund und Landsmann, Hugo von Fleury, dasselbe seinem Werke De regia potestate et sacerdotali dignitate einverleibt,[1] und um dieselbe Zeit, nach 1096,[2] hat ein dritter Franzose das Aktenstück reproducirt, nämlich Hugo von Flavigny in seiner Chronik.[3] Ihnen folgt um die Mitte des 12. Jahrhunderts Gratian,[4] der in seiner Dekretaliensammlung natürlich die Papstwahlordnung Nikolaus II. nicht übergehen konnte: Dist. XXIII. c. 1. Sein Text hat dann manche Aenderungen erfahren durch die sog. Correctores Romani, deren Werk bekanntlich im Jahre 1582 abgeschlossen war.[5]

---

[1] ap. Baluze Miscell. ed. Mansi II 195.

[2] Vgl. darüber Giesebrecht im Münchener Hist. Jahrbuch 1866. S. 188.

[3] M. G. SS. VIII. 408.

[4] Wie schon Wattenbach M. G. SS. XVII. 446 bemerkt, ist der Text in den Annalen von Reichersberg dem Dekrete Gratians entlehnt.

[5] Ihnen folgt Baronius Annal. eccl. ed. Pagi XVII. 156. Der Text der Annalen, die mir eben nur in der Ausgabe Pagis vorliegen, ist dann in den Conciliensammlungen wiederholt, nur dass Labbeus und Cossartius, deren Ausgabe hier übrigens nicht vorhanden, dann Hardouin Acta conc. VI. a. 1064 aus der Chronik Hugos von Flavigny die Zeugen hinzugefügt und einige Varianten an den Rand gesetzt haben.

Das sind die Texte, welche längst zu allgemeiner Benutzung vorlagen. Ich freue mich, ihnen weitere anschliessen zu können. — Dass der Sammelband der Pariser Nationalbibliothek Fonds lat. 10402 Suppl. 271 fol. 67 [1] eine Abschrift enthalte, hat schon Waitz bemerkt.[2] Mir stand dessen Collation zur Verfügung, dazu aber auch noch eine sehr sorgfältige Abschrift, die ich der Güte des Herrn Morff verdanke. Das Dokument dient in dem Pariser Codex als Beilage zu einer Abhandlung De papatu Romano, die unter Heinrich IV. entstanden ist, aber nicht schon damals mit unserem Dekrete verbunden wurde: noch andere und zwar spätere Urkunden sind in gleicher Absicht angefügt, namentlich der Vertrag Heinrichs V. mit Paschal II. Ohne den Aktenanhang findet sich die kirchenrechtliche Deduktion denn auch in einem Brüsseler Codex.[3] Der Schrift nach gehört die ganze Lage des Pariser Sammelbandes, auf welcher unsere Stücke vereinigt sind, ins 12. Jahrhundert. — Der Nationalbibliothek verdanke ich auch meine weiteren Hülfsmittel, die noch ungedruckt sind. Ich kann es nicht genug anerkennen, dass Herr Gabriel Monod meiner viel zumuthenden Bitte, mir die nöthigen Collationen anzufertigen, in der bereitwilligsten Weise entsprochen hat. Es handelt sich einmal um Fonds latin. 3187, auch einen Sammelband, in welchem das Dekret fol. 146 flg. steht; dasselbe bildet ein Stück für sich, ohne Zusammenhang mit dem Vorausgehenden und Folgenden; Monod setzt die Schrift ins 12. Jahrhundert. Dann kommt Fonds latin. 3876 in Betracht; der Codex enthält die Vorgratianische, dem 12. Jahrhundert angehörende Sammlung von Kanones, die unter dem Namen der Caesaraugustana bekannt, aber noch ungedruckt ist. Auf fol. 69 findet sich da unsere Wahlordnung.

Damit stimmen die späteren Conciliensammlungen überein: Labbei et Cossartii Sacrosancta conc. ed. Coleti VII. 49 und Mansi Coll. conc. XIX. 903.

[1] Vgl. über seine Zusammensetzung Bibl. de l'école des chartes Série V. tome III. 511.

[2] Forsch. z. dtsch. Gesch. XVIII. 179.

[3] Vgl. die vierte Beilage.

Um aus den genannten Materialien einen befriedigenden Text herzustellen, werden wir natürlich untersuchen müssen, in welchem Verhältnisse die einzelnen Ueberlieferungen zu einander stehen. Vorher aber möchte ich aus unserem Apparate zwei Drucke ausscheiden, nicht ohne wenigstens das eine Mal einen handschriftlichen Ersatz zu bieten.

Die älteste Ausgabe von Ivos Panormie hat Sebastian Brant besorgt.[1] Mit ihr stimmt die spätere des Melchior von Vosmediano,[2] wenigstens was den Druck des Dekretes angeht, in allen Stücken überein: das Londoner Manuskript, welches Vosmedianus neben dem Brant'schen Drucke benutzte,[3] hat an dieser Stelle auf die Herstellung des Textes keinen Einfluss gehabt. Brant aber ist in willkürlichster Weise verfahren: theils hat er auf eigene Faust geändert, theils nach Massgabe des damals schon gedruckt vorliegenden Textes in Gratians Dekretaliensammlung. Für Letzteres verweise ich z. B. auf die Stelle der Einleitung, wo der Druck im Gegensatz zu allen anderen Drucken und Handschriften, nur in Uebereinstimmung mit Gratian, vor malleis crebrisque tunsionibus noch das Wort repetitis hat, dann auf den zweiten Paragraphen meiner Ausgabe: ut — nimirum ne venalitatis morbus qualibet occasione surrepat, — religiosi viri praeduces sint, ist hier nach Gratian geändert in: nimirum praecaventes ne etc. Ersteres zeigt sich besonders an dem Satze cardinales episcopi diligentissima simul consideratione tractantes: Sebastian Brant, der wohl gewusst haben mag, dass der technische Ausdruck für das eigentliche Wahlgeschäft voll und ganz lautet: de electione tractare,[4] änderte demgemäss: cardinales episcopi diligen-

---

[1] Basileae 1499.

[2] Lovanii 1557, mir nur aus Migne Patrol. CLXI. 1087 figg. bekannt.

[3] — nec unum exemplar, sed duo: alterum a sexaginta fere annis impressum, alterum vero in pergamena charta vetustissimis characteribus manuscriptum.

[4] Er konnte ihn dem unmittelbar folgenden 6. Kapitel entnehmen: Cum de summi pontificis electione tractabitur etc.

tissimo simul de electione tractantes. Die Erkenntniss aber, wie wenig der Druck dem wahren Wortlaute entspreche, verdanke ich in erster Reihe meinem Freunde Laubmann, der mir aus den Cod. lat. Monac. 11316 fol. 34, 17099 fol. 26 und 17100 fol. 189 mit gewohnter Güte die besten Collationen mittheilte. Von den Drucken ist danach ganz abzusehen.

Wie das Dekret Gratians auf den Druck der Panormie eingewirkt hat, so sind die Correktores Romani, da sie eine verbesserte Auflage des erstern veranstalteten, von dem letzteren beeinflusst worden. Als Beleg genügt der Hinweis auf den schon angeführten Terminus technicus: de electione tractare. So wenig wie in irgend einer Handschrift der Wahlordnung, findet sich in den zahlreichen Handschriften Gratians: cardinales episcopi diligentissimo simul de electione tractantes. Offenbar haben die Correctores Romani die willkürliche Aenderung Sebastian Brants hinübergenommen: sie gewinnt durch ihren Druck keine höhere Autorität. Daneben ist aber für die Herstellung des Textes auch handschriftliches Material benutzt, jedoch nicht eine Handschrift der päpstlichen, sondern der kaiserlichen Fassung. Nur in der Correctio Romana heisst es: — nachweislich ganz dem Urtexte entsprechend, — ecclesia iamiam paene videretur concussa nutare; in allen anderen Exemplaren der päpstlichen Fassung fehlt das Wort concussa. Dass die Correctores Romani dasselbe aber einer Handschrift der kaiserlichen entnahmen,[1] ist doch wohl daraus zu schliessen, dass sie eine solche und zwar nur eine solche in den Anmerkungen citiren. So hat die römische Verbesserung, wie ich glaube, für uns keinen Werth.

Nach diesen nothwendigen Ausscheidungen wende ich mich zu der Frage: in welchem Verhältnisse stehen die uns noch bleibenden Ueberlieferungen zu einander?

---

[1] In keiner derselben fehlt das fragliche Wort; es fehlt aber auch nicht in dem Briefe Victors III. Chron. Cassin. III. 72: hier stimmt die Einleitung ganz wörtlich mit der Einleitung unseres Dekretes, und eben damit ist denn wohl der Beweis geliefert, dass concussa im Original stand.

In der Panormio = Ivo, in dem Pariser Codex 3187 = Par., in der Caesaraugustana = Caes., in dem Dekrete Gratians = Grat. heisst es in der Drohformel: der Zuwiderhandelnde (dei) contra se iram sentiat et sanctorum apostolorum furorem sentiat. Man kann nicht zweifeln, dass mit den anderen Handschriften der päpstlichen, wie mit allen der kaiserlichen Fassung, an zweiter Stelle reperiat zu lesen ist. Ein näheres Verhältniss zwischen Ivo, Par., Caes. und Grat. ist damit erwiesen.[1] Was Ivo und Par. betrifft, so möchten dieselben auf gemeinsamer Grundlage beruhen: Ivo giebt vollständigere Unterschriften, als Par., und Par. liest hinwider nicht mit Ivo, Caes. und Grat., dass bei der Wahl religiosissimi viri praeduces sint, sondern in Uebereinstimmung mit allen anderen Handschriften päpstlichen und kaiserlichen Ursprungs: religiosi viri etc. Damit ist die Annahme einer Benutzung von Ivo durch Par. oder von Par. durch Ivo nicht gut zu vereinen. Anders steht es um die Verwandtschaft von Ivo, Caes. und Grat. Die Panormie Ivos ist im Allgemeinen als Quelle für Caes. und Grat. anerkannt. Der Verfasser von Caes. hat offenbar auch an dieser Stelle aus ihr geschöpft, denn er giebt ein zweites Aktenstück[2] in gleicher Verbindung mit der Wahlordnung, wie Ivo; und auch was Grat. betrifft, so sehe ich keinen Grund, hier eine andere Vorlage anzunehmen. Allerdings weicht Grat. vielfach von Ivo ab, und zwar oft zu Gunsten des Textes, dafür aber ist Grat. ein denkender, selbstständig bessernder Schriftsteller gewesen.

Es sei mir gestattet, über Gratians Verfahren eine Bemerkung einzuschalten. Er liest die Klage: quot denique per simoniacae haeresis trapezitas malleis crebrisque tunsionibus (ecclesia) subiacuerit, und er hat nun das Gefühl vor malleis sei ein Wort zu ergänzen, welches dem crebris vor tunsionibus entspräche; er setzt also: repetitis. Aber sein

---

[1] Dasselbe zeigt die Drohformel Quisquis autem huius nostrae decretalis sententiae etc. Autem fehlt Par., Ivo, Grat., Caes., nicht aber den Anderen.

[2] Stephanus papa quia sancta Romana ecclesia etc.

an sich ganz richtiges Gefühl hat ihn in diesem Falle doch irregeleitet, denn nicht blos in allen Handschriften fehlt das ergänzte Wort, sondern auch in einer Phrase Victors III.[1] Ein in solcher Weise abwägender Autor kann denn auch leicht eine Reihe von Fehlern beseitigen, ohne dazu eigener handschriftlicher Hülfsmittel sich zu bedienen, er kann etwa Ivos ne venalitatis morbus surripiat ändern in surrepat u. s. w.[2]

Par. und Ivo mit seinen Ableitungen stellen sich gegenüber: Hugo von Flavigny = Flav., Hugo von Fleury = Flor. und der Text, welcher der Abhandlung De papatu Romano angehängt ist = Pap.

Pap. nimmt eine selbständige Stellung ein: wegen einiger Fehler und Eigenthümlichkeiten,[3] die Flav. und Flor. nicht theilen, kann es deren Quelle nicht sein, wie etwa wegen qui ab apostolica sede personaliter hoc ius impetraverunt statt qui ab hac apostolica sede etc. impetraverint u. s. w. Noch weniger kann Pap. aus Flav. und Flor. abgeleitet sein, denn sein Text ist viel reiner und offenbar nicht durch selbständige Aenderung reiner.[4] Das zeigen zwei für Flav. und Flor. bezeichnende Momente, die zugleich beweisen, dass zwischen Flav. und Flor. selbst eine nähere Verwandtschaft besteht.

---

[1] Vgl. S. 9, Anm. 1.

[2] Ein anderes Beispiel bietet nimirum praecaventes S. 15 Variante c.: Gratian hat hier den Text nicht verstanden, wie es auch manchen Neueren ergangen ist, und also eine Aenderung vorgenommen. Vgl. auch noch den Zusatz vere S. 16 Variante l.

[3] Von allen Handschriften der päpstlichen Fassung unterscheidet sich Pap. durch Ego vor der Unterschrift Nikolaus II. Das Ego entspricht aber dem Original: darüber lässt das beste Exemplar der kaiserlichen Fassung keinen Zweifel.

[4] Wenn Waitz in den Forschungen XVIII. 180 eine genauere Uebereinstimmung mit dem Farfenser Exemplar der kaiserlichen Fassung annahm, befand er sich doch im Irrthum. Denn die Worte: et in hac vita super eum apertam vindictam ostendant, die von dem Farfenser übergangen sind und nun auch in Pap. fehlen sollen, sind in demselben nach Morffs Abschrift vorhanden.

Nach Flav. und Flor. hat Papst Gregor päpstliche Befugnisse ausgeübt ante electionem suam: es muss natürlich ante consecrationem suam heissen. Dann richtet sich die Drohformel hier und dort gegen den Verletzer decreti vel sententiae: man kann nicht zweifeln, dass decretalis sententiae zu lesen ist. Welcher Art nun das Verhältniss ist, lehrt einerseits der Umstand, dass Flor. alle Zeugen fehlen, nicht aber Flav., ersieht man anderseits daraus, dass Flor. doch weder jeden Fehler, noch jeden Vorzug von Flav. theilt: z. B. giebt Flor. an Stelle eines fehlerhaften Bibelcitates von Flav. ein richtiges, übernimmt aber nicht eine richtige Conjektur von Flav., die man unter den Varianten des vierten Paragraphen nachsuchen mag. Mit anderen Worten: Flav. und Flor. benutzten eine und dieselbe Vorlage.

Unmittelbar beruhen also Flav. und Flor. auf einer gemeinsamen Quelle; aus einer anderen flossen Par. und Ivo mit seinen Ableitungen Caes. und Grat., für sich steht Pap. Aber in letzter Reihe gehen doch Alle auf eine und dieselbe, und zwar schon sehr fehler- und lückenhafte Abschrift zurück. Kein Exemplar führt die Zeugen über die Kardinalbischöfe hinaus; keines spricht in der Drohformel aus, dass der Zuwiderhandelnde non papa sed sathanas, non apostolicus sed apostaticus ab omnibus habeatur, während diese Worte doch unzweifelhaft, wie wir im zweiten Theile noch sehen werden, dem Original angehörten; kein Exemplar endlich bietet in der Einleitung: ut columna dei viventis iamiam paene videretur concussa nutare das — wie schon erwähnt[1] — gut verbürgte Wort concussa. Diesen Lücken reihen sich manche Fehler an: der geschickte Gratian hat allerdings berichtigt. Berichtigen ist leichter, als ergänzen. Die Lücken finden sich auch in seinem Texte, und so werden wir nicht zweifeln können, dass in seiner Vorlage gerade so gut, wie in all unseren Ueberlieferungen, etwa folgende Fehler sich fanden: ne venalitatis morbus qualibet occasione surripiat, statt surrepat, oder der Zuwiderhandelnde a liminibus sanctae dei ecclesiae separatus subiiciatur, statt abiiciatur.

---

[1] Vgl. Seite 9, Anm. 1.

Ich mache gleich hier darauf aufmerksam, dass das Ergebniss einer lücken- und fehlerhaften Abschrift,[1] welche mittelbar die Quelle all unserer Texte ist, für die Frage der Echtheit seine Bedeutung hat.

Die fehler- und lückenhafte Abschrift will ich herstellen; ich nehme offenbare Unrichtigkeiten in den Text auf: aus den Anmerkungen wird man sie leicht berichtigen können. Einfache Wortumstellungen, blosse Schreibereigenthümlichkeiten sind nicht mitgetheilt. Um noch einmal das Schema zu vergegenwärtigen: eine Klasse bildet Pap., d. h. das der Abhandlung De papatu Romano zugefügte Exemplar; eine andere Klasse stellt die Uebereinstimmung von Flav. und Flor. dar, also von Hugo von Flavingy und Hugo von Fleury; eine weitere Klasse bildet die Quelle von Par., d. h. des Pariser Codex 3187, und von Ivos Panormie, aus welcher Gratian und der Verfasser der Caesaraugustana schöpften, = Grat. Caes. Die Varianten der Letzteren hätte man danach vielleicht entbehren können, doch habe ich das Material zu eigener Prüfung nicht vorenthalten wollen. Dagegen verzichtete ich darauf, etwaige Varianten des einen Codex der Panormie Ivos von dem anderen mitzutheilen: wie Ivo selbst geschrieben hat, konnte in keinem Falle zweifelhaft sein. Das lehrte schon der Vergleich mit Par. einer- und Caes. und Grat. andererseits. Und nur um den Wortlaut Ivos konnte es sich hier ja handeln, nicht um die Abweichung irgend eines der Codices. Dasselbe gilt von den Handschriften des Decretum Gratiani.[2]

---

[1] Unzweifelhaft gehört dieselbe nach Frankreich, woher unmittelbar oder — wie etwa bei Gratian — mittelbar all unsere Exemplare stammen.

[2] Wer meine Ausgaben prüft, möge es nicht auf Grund der Variantensammlung thun, die dem Texte bei Richter-Friedberg Corp. iur. can. 78 beigegeben ist. Ich hoffe, dass Friedberg die neue Ausgabe Gratians im Uebrigen sorgfältiger bearbeitet hat, als an dieser Stelle. Da ist verkehrt Anm. 25, dass Ivo und Berald praecavero gelesen, ebenso Anm 52, dass sie auctoritatem übergangen, dann Anm. 10, dass auch crebrisque bei Berald fehle. Wieviel ist dann zu ergänzen, natürlich

In nomine domini dei salvatoris nostri[a] Jesu Christi, anno ab incarnatione eius MLIX., mense Aprili, indictione XII., praepositis[b] sacrosanctis evangeliis, praesidente quoque reverendissimo ac beatissimo Nicolao apostolico[c] papa, in basilica Lateranensi patriarchi,[d] quae cognominatur Constantiniana, considentibus etiam reverendissimis archiepiscopis,[e] episcopis, abbatibus seu[e] venerabilibus[e] presbyteris atque[e] diaconibus. idem venerabilis pontifex, auctoritate apostolica decernens, de electione summi pontificis inquit:[e]

Novit beatitudo[f] vestra, dilectissimi fratres[g] et coepiscopi, inferiora quoque membra non latuit, defuncto piae memoriae domino Stephano decessore[h] nostro, haec apostolica sedes, cui auctore deo deservio, quot adversa pertulerit, quot denique per simoniacae haeresis trapezitas[i] malleis crebrisque[k] tunsionibus subiacuerit, adeo ut columna dei viventis iamiam[l] paene videretur nutare[1] et sagena summi piscatoris procellis intumescentibus cogeretur[m] in naufragii profunda submergi. Unde, si placet fraternitati vestrae,[n] debemus auxiliante deo futuris casibus prudenter occurrere et ecclesiastico statui, ne rediviva — quod absit! — mala praevaleant, in posterum

---

a dom. nost. et salvat *Grat.* b propositis *Grat.*, *dessen Aenderung sich offenbar empfiehlt.* c *fehlt Grat.* d Lateranensis patriarchii *ist wieder eine Verbesserung von Grat.* e qui secundo anno ordinationis suae concilium habuit in basilica Lateranensi, mense Aprili, indictione XII., ubi considentibus venerabilibus archiepiscopis, episcopis, abbatibus seu venerabilibus presbyteris et diaconis, de electione summi pontificis decernens ait. *Flav.* — anno ordinationis suae secundo concilium habuit in basilica Lateranensi, mense aprili, indictione XII., in qua residens omnibus sibi circumsidentibus dixit. *Flor.* f modestia *Flor.* g frat. carissimi *Flor.* h defunctae piae domno Steph. praedecess. *Pap.* praedecess. *Grat.* i *Grat. fügt hinzu*: repetitis. k et crebris *Flav. Flor.* l iam *Grat.* iamiamque *Par.* m *fehlt Flav. Flor.* n *fehlt Pap.*

nur aus Hülfsmitteln, die auch Friedberg benutzte! Anm. 30 ut nimirum nicht blos Flav., sondern auch Vat. Berald. Anm. 32 subripiat nicht blos Flav., sondern auch Flor. Vat. Berald. Anm. 42 eligant nicht blos Vat. Berald, sondern auch Flav. und Flor. Anm. 54 electionem nicht blos Flav., sondern auch Flor. Anm. 61 subiiciatur ausser den Angeführten auch Vat. u. s. w.

[1] Hier wäre also vor nutare einzuschieben concussa. Vgl. S. 9, Anm. 1.

praevidere.[a] Quapropter instructi praedecessorum nostrorum aliorumque sanctorum patrum auctoritate decernimus atque statuimus:[b]

§. 1 ut, obeunte huius Romanae universalis ecclesiae pontifice, inprimis cardinales episcopi diligentissima simul consideratione tractantes, mox sibi clericos cardinales adhibeant, sicque reliquus clerus et populus ad consensum novae electionis accedant.

§. 2 ut — nimirum ne[c] venalitatis morbus qualibet[d] occasione surripiat,[e] — religiosi[f] viri praeduces sint in promovendi[g] pontificis electione, reliqui autem sequaces.

Et certe rectus atque[h] legitimus hic electionis ordo perpenditur, si perspectis diversorum patrum regulis sive[i] gestis, etiam illa beati praedecessoris[k] Leonis sententia recolatur: „Nulla“, inquit,[1] „ratio sinit, ut[l] inter episcopos habeantur, qui nec a clericis sunt[m] electi, nec a plebibus expetiti, nec a comprovincialibus[n] episcopis cum[o] metropolitani iudicio consecrati“. Quia vero[p] sedes apostolica cunctis in orbe terrarum praefertur ecclesiis atque ideo super se metropolitanum habere non potest, cardinales episcopi procul dubio metropolitani vice funguntur, qui videlicet[q] electum antistitem ad apostolici culminis apicem provehunt.[r]

§. 3. Eligant[s] autem[t] de ipsius ecclesiae gremio, si reperitur[u] idoneus, vel si de ipsa non invenitur, ex alia assumatur.

§. 4. Salvo debito honore et reverentia dilecti filii nostri[v] Henrici, qui inpraesentiarum rex habetur et futurus imperator deo concedente speratur, sicut iam sibi concessimus et suc-

---

a providere *verbessert Grat.* b constituimus *Flav Flor.* c accedant, nimirum praecaventes ne *Grat.* accedant; et ne *Flor.* ne *fehlt Pap.* d aliqua *Grat.* e subrepat *ändert Grat.. dem Sinne entsprechend.* f religiosissimi *Ivo Grat. Caes.* g promovenda *Grat.* h Certus vero atque *Grat.* et recte certus *Par.* i seu *Flav. Flor.* k *fehlt Flav. Flor.* nostri *fügt Grat. hinzu.* l *fehlt Pap.* m sint *Pap.* n provincialibus *Par. Caes.* o *fehlt Flav. Flor.* p *fehlt Grat.* q *fehlt Flav. Flor.* r provehant *Grat. Flor.* s Eligantur *Grat. Caes.* t tamen *Par.* u repertus fuerit *Flav. Flor.* v *fehlt Grat.*

1 Leon. M. op. ed. Ballerinii I. 1420.

cessoribus[a] illius, qui ab hac[b] apostolica sede personaliter hoc ius impetraverint.[c]

§. 5. Quodsi pravorum atque iniquorum hominum ita perversitas invaluerit, ut pura,[d] sincera atque[e] gratuita electio fieri in Urbe non possit,[f] cardinales episcopi cum religiosis clericis[g] catholicisque laicis, licet paucis, ius potestatis obtineant eligere apostolicae sedis pontificem,[h] ubi congruentius[i] iudicaverint.[k]

§. 6. Plane postquam electio fuerit facta, si bellica tempestas, vel qualiscunque hominum conatus malignitatis studio restiterit, ut is qui electus est in apostolica sede iuxta consuetudinem intronizari non valeat, electus tamen sicut[l] papa auctoritatem obtineat regendi sanctam[m] Romanam ecclesiam et disponendi omnes facultates illius, quod beatum Gregorium[n] ante consecrationem[o] suam[p] fecisse cognoscimus.[q]

Quodsi quis contra hoc nostrum decretum synodali sententia promulgatum per seditionem vel[r] praesumptionem aut quodlibet ingenium[s] electus aut etiam ordinatus seu intronizatus fuerit,[1] auctoritate divina et sanctorum apostolorum Petri et Pauli,[t] perpetuo anathemate cum suis auctoribus, fautoribus,[u] sequacibus a liminibus sanctae dei ecclesiae separatus subiiciatur,[v] sicut[w] Antichristus et[x] invasor atque[y] destructor totius christianitatis; nec aliqua super hoc audientia aliquando ei reservetur,[z] sed ab omni ecclesiastico gradu, in quocunque prius fuerat, sine retractatione

---

a successorum *besserten Flav. Pap., die Uebrigen aber, namentlich auch Flor., behielten* successoribus *bei.* b *fehlt Pap.* c impetraverunt *Pap.* d pura atque *Par.* e et *Par.* f grat. fieri in Urbe non poss. elect. *Grat.* g cum reliquis cler. relig. *Par.* h antistitem *Flav. Flor.* i congruum *Pap.* k ubi congruerit *Grat.* l sicut vere papa *Grat.* m *fehlt Grat.* n beatus Gregorius *Ivo Par.* o electionem *Flav. Flor.* p *fehlt Pap.* q cognovimus *Grat.* cognoscitur *Pap.* r *fehlt Par.* s quolibet ingenio *Grat.* t Petri apostoli *Caes.* u factoribus *Flav. Flor. Pap.* v abiiciatur *besserte Grat.* w *fehlt Caes.* x ut *Caes.* y et *Grat.* z *fehlt Par.*

[1] Wie vorläufig schon erwähnt wurde und in dem Kapitel „Prüfung der aus der Form gezogenen Schlüsse" bewiesen werden soll, ist nach fuerit ausgefallen: non papa sed sathanas, non apostolicus sed apostaticus ab omnibus habeatur et teneatur.

deponatur. Cui quisquis adhaeserit vel qualemcunque tanquam pontifici reverentiam exhibuerit aut in aliquo illum[a] defendere praesumpserit, pari sententia[b] sit mancipatus. Quisquis autem[c] huius nostrae decretalis sententiae[d] temerator extiterit et Romanam ecclesiam sua praesumptione confundere et perturbare contra hoc statutum tentaverit, perpetuo anathemate atque excommunicatione damnetur et cum impiis, qui non[e] resurgent in iudicio,[1] reputetur.[f] Omnipotentis scilicet dei patris et filii et spiritus sancti contra se iram sentiat[g] et sanctorum apostolorum Petri et Pauli, quorum praesumit confundere ecclesiam, in hac vita et in futura furorem reperiat.[h] Fiat habitatio eius deserta, et[i] in tabernaculis eius non sit qui inhabitet.[2] Fiant filii eius orphani et uxor eius vidua[3] Commotus amoveatur ipse atque[k] filii eius et mendicent et eiiciantur de habitationibus suis.[4] Scrutetur foenerator omnem[l] substantiam eius, et diripiant[m] alieni labores eius.[5] Orbis terrarum pugnet contra eum,[n] et cuncta elementa sint ei contraria, et omnium sanctorum quiescentium[o] merita illum confundant et in hac vita super eum apertam vindictam ostendant.[6] Observatores autem huius nostri decreti dei[p] omnipotentis gratia protegat, et auctoritate[q] beatorum apostolorum Petri et Pauli ab omnium peccatorum[r] vinculis absolvat.[s]

---

a cum *Flav. Flor.* b sententiae *Pap.* c *fehlt Par. Ivo Grat. Caes.* d decreti vel sententiae *Flav. Flor.* e quando *statt* qui non *Flav. Flor.* f deputetur *Grat., dessen Conjektur ich billige.* g Omnip. contra se sentiat iram *Grat.* h sentiat *Par. Ivo Grat. Caes.* i et non sit qui inhab. in tab. eorum *Grat.* k et *Grat.* l *fehlt Flav.* m deleant *Flav.* n illum *Flav. Flor.* o hic *fügt Pap. hinzu, ähnlich hat der Herausgeber Ivos* in terra, *haben einige Abschreiber der kaiserlichen Fassung* Romae *ergänzt.* p *fehlt Grat.* q *Aus dem* auctoritate *der Uebrigen ist gewiss mit Grat.* auctoritas *zu ändern.* r *fehlt Flav.* s *Hiermit enden Flor. Grat.*

[1] Psalm I. 5. [2] Psalm LXVIII. 26. [3] Psalm CVIII. 9. [4] Psalm CVIII. 10. [5] Psalm CVIII. 11. [6] Der Anfang nach Sapient. V. 21; das Ganze kehrt, wie ich doch erwähnen muss, in einer Verfluchung Ludwigs des Baiern wieder. Olenschlager Staatsgesch. Urkunden S. 249.

Ego[a] Nicolaus episcopus sanctae catholicae[b] et apostolicae[c] Romanae ecclesiae huic decreto a nobis promulgato, sicut superius legitur,[d] subscripsi. Bonifacius dei gratia Albanensis episcopus subscripsi.[e] Humbertus[f] sanctae ecclesiae Silvae Candidae episcopus[g] subscripsi. Petrus Ostiensis ecclesiae[h] episcopus subscripsi. Et caeteri episcopi numero LXXVI[i] cum presbyteris et diaconibus subscripserunt.

Ich wende mich zu den Handschriften der kaiserlichen Fassung. An erster Stelle sei ein Codex ehemals des Klosters Floreffe genannt; leider kenne ich den darin enthaltenen Text nur eben soweit, als er von Martène herausgegeben ist,[1] nämlich Einleitung und Unterschriften: Anfragen nach dem Verbleib haben keinen Erfolg gehabt.[2] Reichlichen Ersatz, wie sich zeigen wird, bietet indess der Text, welchen Herr Professor Loersch jüngst in einem Aachener Cartular aus dem Ende des 12ten Jahrhunderts gefunden: Cod. Berolin. mscr. qu. 324, fol. 65. Mit nicht genug anzuerkennender Liebenswürdigkeit hat derselbe eine von ihm genommene Abschrift mir zur Benutzung überlassen. Von allen folgenden Ueberlieferungen wird sich ergeben, dass sie der Floreffer und Aachener gegenüber nur subsidiäre Bedeutung haben. Es sind: der Cod. Vat. 1984 fol. 192 aus der zweiten Hälfte des 11. Jahrhunderts,[3] nach welchem spätere Sammler von Conzilsakten Einleitung und Zeugenreihe veröffentlicht haben,[4] wel-

---

a *fehlt Ivo Par. Caes. Flav.* b *fehlt Flav.* c et ap. *fehlt Caes.* d sicut-legitur *fehlt Flav.* e Bon. Alb. subscrip. *Flav.* f Gumbertus *Ivo Caes.* Humb. — subscripsi *fehlt Par.* g *fehlt Flav. Caes.* h *fehlt Flav.* i CXXII *Pap.*

[1] Ampl. Coll. VII. 59. Danach Mansi Coll. conc. XIX. 910.

[2] Sowohl von meiner Seite, als auch des Herrn Loersch, der sich vergebens an mehrere belgische Archivare gewandt hat.

[3] Vgl. Bethmann im Archiv f. ält. deutsche Geschichtskunde XI. 841. Danach soll die Zusammenstellung, deren unser Dekret ein Theil ist, „das Recht des Kaisers an der Papstwahl nachweisen“.

[4] Zuletzt Mansi l. c. 906, 909.

chen Pertz dann seiner Ausgabe zu Grunde gelegt hat;[1] ferner der Cod. Vindobon. 2213 Jus. can. 105 fol. 9 aus dem Ende des 12. oder Anfange des 13. Jahrhunderts,[2] auf welchen jüngst Waitz[3] aufmerksam gemacht hat: eine Collation ist mir aus den Sammlungen der Monumenta Germaniae bereitwilligst zur Verfügung gestellt worden. Ich lasse die aus Bamberg stammenden Texte folgen; einmal hat Udalrich das Dekret um 1125 in sein bekanntes Brief- und Urkundenbuch aufgenommen,[4] dann findet es sich noch besonders in zwei Bamberger Codices des 12. Jahrhunderts, nämlich Q. VI, 31 fol. 68, woraus Jaffé zu seiner Ausgabe des Codex Udalrici die Varianten mitgetheilt hat, und P. I. 9 fol. 105, dessen Kenntniss ich der Beschreibung Knusts verdanke.[5] Beide Codices konnte ich hier vergleichen. Es bleiben noch vier Abschriften, die mir leider gleichsam nur durch zweite Hand vermittelt sind. In Cod. lat. Monac. 148,[6] den Halm mir mit gewohnter Freundlichkeit zuschickte, hat Onofrio Panvinio unser Dekret zweimal eingetragen. Fol. 100 schöpft er ex antiquissimo libro et huius forte concilii tempore scripto, d. h. zur Zeit des römischen Conzils von 1059.[7] Das andere Mal giebt Panvinio den Text fol. 186 und zwar als Bestandtheil des Liber fratris Beraldi[8] monachi et abbatis monasterii

[1] M. G. LL. II b. 177. Danach Watterich Vitae pont. Rom. I. 229.

[2] Vgl. Wattenbach im Archiv X. 489. Die in dem Codex vereinigten Urkunden scheinen den gleichen Zweck zu haben, wie die Sammlung, die S. 18 Anm. 3 erwähnt ist. Der Verfasser war, wie mir Sickel bestätigte, nach der Schrift ein Italiener.

[3] Forschungen zur deutschen Gesch. XVII. 408 Anm.

[4] ap. Jaffé Bibl. rer. Germ. V. 41.

[5] Archiv VII. 822.

[6] Nicht 149, wie ich in den Forschungen zur deutschen Gesch. XI. 494 Anm. 1 schrieb und wie es auch bei Richter-Friedberg Corp. iur. can. 77 Anm. 1 heisst.

[7] Vielleicht ist dasselbe Werk gemeint, von dem die Correctores Romani sagen: Huius decreti integrum exemplum est in vetustissimo libro abbatiae monasterii Farfensis, literis Longobardicis ante annos pene quingentos scripto.

[8] Panvinio schreibt Bernardus und Berardus; Gregor von Catina aber nennt ihn immer Beraldus, und er unterscheidet sehr genau zwischen Berardus und Beraldus.

Farfensis, einer Streitschrift, die um das Jahr 1105 entstanden ist.[1] Kurze Zeit vorher, nämlich zwischen 1092 und 1099, hatte Gregor von Catina die Urkunde schon in sein Register von Farfa eingetragen: daraus floss der bisher wohl nie beachtete Druck,[2] welchen Le Blanc in einem Werke über Karolinger Münzen gegeben hat.[3] Zuletzt hat derselbe Gregor von Catina die Wahlordnung nochmals in seiner, bald nach 1105 begonnenen Chronik von Farfa mitgetheilt: in der neuen Ausgabe Bethmanns sucht man dieselbe leider vergebens, Bethmann beschränkte sich auf Wiedergabe der Anfangsworte,[4] und so muss man sich mit dem älteren Drucke von Muratori behelfen.[5]

Es ist die Frage, in welchem Verhältnisse diese mannichfache Ueberlieferung zu einander steht.

Da springt in die Augen, dass zwei Classen zu unterscheiden sind. In dem Codex von Floreffe ist den Namen der unterfertigenden Kardinalbischöfe jedesmal hinzugefügt: subscripsi. Das Wort ist natürlich keine Zuthat des Abschreibers, sondern entspricht dem Original. Auch den leisesten Zweifel, den man darüber hegen könnte, würde ein Vergleich mit der päpstlichen Fassung entkräften. Hier findet sich gleichfalls wiederkehrend subscripsi. Dafür heisst es im Aachener Codex stets subscripsit, — eine Variante, die offenbar keine Bedeutung hat. Ganz anders alle übrigen Handschriften. In ihnen liest man nicht subscripsi, noch subscripsit; nach Aufzählung der Kardinalbischöfe von Alba, Silva Candida, Ostia und Lavicano heisst es vielmehr: Hi Romani episcopi subscripserunt[6] cum Johanne Portuensi episcopo. Das ist

---

[1] Denn aus einer Schenkung, welche den Mönchen 1103 gemacht wurde, entwickelte sich der Streit, und 1105 wurde derselbe beigelegt. Cf. Hist. Farf. c. 18, 20.

[2] Nie beachtet, obwohl er bei Dumont Corps dipl. I. 49 wiederholt ist.

[3] Le Blanc Dissert. hist. sur quelques monnoyes de Charlemagne. Amsterdam 1692 p. 100.

[4] M. G. SS. XI. 573.

[5] SS. rer. Ital. II. b 645.

[6] Uebrigens findet sich ganz dieselbe Art der Zusammenfassung später auch in den Floreffer und Aachener Texten. Sie geht auf deren

selbstverständlich keine originale Fassung; überdies verräth sich noch die Art und Weise, wie der Kardinal von Porto genannt wird, als Nachtrag eines Copisten. So stellt sich denn in der Aachener und Floreffer Ueberlieferung eine eigene Handschriften-Classe dar, — ein Ergebniss, zu welchem auch die Wahrnehmung führt, dass die Zeugenunterschrift des Bischofs Gregor von Vercelli in allen anderen Codices fehlt.

Aus der Beschaffenheit der angeführten Abweichungen dürfte man schon folgern, dass die Classe der Handschriften, welche eben der Floreffer und Aachener Text bilden, den Vorzug verdient. Ein weiterer Vergleich, den ich mir hier durchzuführen erlasse, kann diesen Schluss nur bestätigen. Die wenigen Fehler wird man zumeist der Allen gemeinsamen Vorlage zuschreiben müssen:[1] auf ein Verderbniss des Floreffer und Aachener Textes, das nicht auch in der letzten Quelle der übrigen sich gefunden hätte, wird man an nicht eben vielen Stellen schliessen dürfen. Bei dieser ihrer Bedeutung kann ich es nicht genug bedauern, dass mir aus dem Floreffer Codex nur das Bruchstück des alten Martèneschen Druckes vorliegt, muss ich es doppelt als ein Glück preisen, dass Herr Professor Loersch in dem Aachener Copialbuch einen so ausreichenden Ersatz gefunden hat.

Welches Verhältniss besteht aber zwischen den beiden, also unzweifelhaft besten Ueberlieferungen? Schon subscripsit

---

gleich zu erweisende Vorlage zurück: diese war aber hinwieder die Quelle eines Textes, auf welchem die anderen Handschriften beruhen. Dessen Verfertiger brachte auch die Unterschriften der Kardinalbischöfe in dieselbe Form, welche er für die der Kardinalpriester schon vorfand.

[1] ne venalitatis morbus aliqua occasione subripiat lesen alle Handschriften, nur Udalrich und später auch Muratori, wie sich noch zeigen wird, haben in subropat geändert; ebenso verhält es sich mit abiiciatur in dem Satze a liminibus sanctae ecclesiae separatus subiiciatur; sine retractione deponatur, statt sine retractatione deponatur, findet sich im Wiener, Bamberger, Aachener und Vaticanischen Codex: hier hat nicht bloss Udalrich, sondern auch noch der Farfenser Schreiber eine zutreffende Conjektur gemacht, in der Vorlage stand unzweifelhaft retractione u. s. w.

im Aachener Codex zeugt für die Unabhängigkeit des Floreffer, in welchem wir viermal subscripsi fanden. Anderseits beruht aber auch der Aachener Text nicht auf dem Floreffer, denn hier vermissen wir die dort vorhandene Zeugenschaft des Kardinalbischofs von Lavicano. Ich übergehe Anderes, das ebenfalls zu dem Ergebniss einer gemeinsamen Quelle führt.

Aus der anderen Klasse mögen zuerst die Handschriften von Farfa hervorgehoben werden. Zu ihnen rechne ich ausser den Texten des Registers, des Buches vom Abte Berald und der Chronik aber auch denjenigen, welchen Onufrio Panvinio nach seinen oben mitgetheilten Worten ex antiquissimo libro et huius forte concilii tempore scripto entnommen hat. Dieselben Fehler in den vier Ueberlieferungen! Gleich in der Einleitung fehlen bei Allen [1] die Worte propositis sacrosanctis evangeliis; später vermisst man den gegen die Zuwiderhandelnden ausgesprochenen Wunsch, dass die Apostel in hac vita super eum apertam vindictam ostendant. Um den gemeinsamen Auslassungen auch einen gemeinsamen Zusatz gegenüber zu stellen, so heisst es in den anderen Handschriften beider Klassen nur: den Gehorsamen dei omnipotentis gratia protegat, in den Farfenser Texten findet sich dagegen noch et benedicat.

Nun eine Untersuchung anstellen, wie die Farfenser Texte sich zu einander verhalten, möchte eine nutzlose Mühe sein. Einerseits würde die Beschaffenheit der Ueberlieferung — denn mir stehen hier nirgends diplomatisch genaue Wiedergaben oder Collationen zur Verfügung, — jede sichere Schlussfolgerung fast unmöglich machen, anderseits würde ein Beweis der angedeuteten Art für die Herstellung eines zuverlässigen Textes aber auch gar Nichts austragen. Immerhin mag indess erwähnt sein, dass der Text des Registers, das im Jahre 1099 beendet war, nicht dem Werke des damals erst gewählten Abtes Berald und auch nicht der noch später begonnenen Chronik entnommen sein kann. Dagegen ist in letztere die Schrift des Abtes Berald eingewoben: c. 20—29

[1] Nur nicht im Text der Chronik, wie sie bei Muratori vorliegt. Ich komme auf die eigenthümliche Beschaffenheit der Ausgabe zurück.

ist nur eine Abschrift derselben; in c. 25 findet sich aber eben unser Dekret, für welches der Verfasser nun wohl schwerlich das Registrum oder eine andere Ueberlieferung heranzog.

Freilich, wenn der Druck des Dekretes, wie es bei Muratori vorliegt, der Abschrift Gregors von Catina gleichkommen sollte, dann hätten wir hier eine eigene, von den anderen sehr verschiedene Recension. Aber man wird sich leicht überzeugen, dass der Herausgeber manche Aenderungen vornahm, und zwar auf Grund des Textes der Correctores Romani, welcher ihm laut der hinzugefügten Anmerkung in Labbes Conziliensammlung vorlag. Daraus hat er z. B. die oben schon besprochenen Worte propositis sacrosanctis evangeliis ergänzt; danach hat er noch Anderes hinzugefügt, so etwa in der Einleitung vor malleis crebrisque tunsionibus das Wort repetitis: wir hörten schon, dass es lediglich eine wohl erwogene, aber doch verkehrte Ergänzung Gratians sei. Genug, Muratoris Text hat keinen Werth, es sei denn wegen der Zeugenreihe, die er nach der Correctio Romana nicht ändern konnte, weil sie derselben fehlt. Diese Unterschriften vermissen wir nämlich auch in der hier abgekürzten Copie des liber Beraldi, d. h. des Werkes, welches in seiner vollständigen Fassung die Quelle für die Farfenser Chronik war. Aber auch da hat uns Muratori keine Dienste geleistet: sein Druck unterscheidet sich vom Wortlaute des Dekretes, wie es im Farfenser Register überliefert ist, nur durch einige Fehler. So glaube ich von Muratori ganz absehen zu können.

Von höherem Werthe, als wenigstens in der vorliegenden Fassung die Farfenser Ueberlieferungen sind, ist der Text des Wiener Codex: er hat nicht die oben hervorgehobenen Lücken, den erwähnten Zusatz. Aber er steht doch in der engsten Beziehung zu den Farfensern: in der Bestimmung, dass Niemand als Papst gelten solle, der gegen den Geist des Dekrets electus aut etiam ordinatus seu inthronizatus fuerit, vermisst man hier und dort das Wort electus; und wo von der Verwirrung der römischen Kirche die Rede ist, fehlt auf beiden Seiten sua praesumptione. Ich übergehe Anderes, das man aus der Sammlung der Varianten leicht zusammenlesen kann. Aber wie denn verhält sich die Wiener zu den

Farfenser Ueberlieferungen? Ausfluss derselben oder einer derselben kann sie nicht sein: in allen vieren, wie erwähnt, finden sich grössere Lücken, welche in ihr nicht wiederkehren. Anderseits ist sie auch nicht Quelle, sei es eines der Farfenser, dessen Abschrift dann von den übrigen benutzt worden wäre, sei es eines Unbekannten, der mehreren der Farfenser ihren Text vermittelt hätte. Denn abgesehen von einzelnen Lesarten, die zu gleichem Ergebniss führen, — der Wiener Codex ist um ein Jahrhundert jünger, als die Farfenser Texte, bezüglich deren Originale.

Aus der Bamberger Ueberlieferung glaube ich Q. VI. 31, d. h. den Codex, aus welchem Jaffé zu seiner Edition des Codex Udalrici Varianten mittheilte, ausscheiden zu dürfen, er stimmt ganz genau mit P. I. 9, nur dass der Letztere einige Lücken des Ersteren nicht theilt. Ich meine nur noch P. I. 9, wenn ich vom Bamberger Codex rede. Zwischen seinem und Udalrichs Texte besteht nun aber ein ähnliches Verhältniss, wie zwischen der Wiener und der Farfenser Tradition. Im Gegensatze zu allen anderen Handschriften heisst es hier und dort idus Aprilis statt menso Aprili; wo von der Wahrung der königlichen Rechte die Rede ist, fehlt in beiden Texten vor filii nostri Heinrici das Beiwort dilectissimi; und so liesse sich noch Anderes beibringen, um ihre nähere Verwandtschaft zu erweisen. Ein weiterer Vergleich zeigt dann aber auch, dass von einer Benutzung des einen durch den anderen keine Rede sein kann. Für die Unabhängigkeit des Bamberger Codex spricht schon die lange Zeugenreihe, die Udalrich bei Seite liess, spricht ferner — um nur dieses eine Beispiel noch hervorzuheben, — der mit allen anderen Handschriften übereinstimmende Satz: nec aliqua super h o c a u d i e n t i a aliquando ei reservetur, statt dessen es bei Udalrich heisst: nec aliqua super h a c a u d a c i a v e n i a aliquando ei reservetur. Ebensowenig hat andererseits Udalrich aus dem Bamberger Codex geschöpft. Wenn dessen Schreiber in der Drohung: perpetuo anathemate atque excommunicatione damnetur die Worte atque excommunicatione übersah, wenn er in der Verfügung betreffs des Papstes, der rechtmässig gewählt ist, aber in apostolicam sedem iuxta consuetudinem inthronizari non valeat, über iuxta consuetudinem hinwegging; so kann man unmöglich mit Giesebrecht[1] annehmen, Udalrich habe seinen Text dem Bamberger Codex entlehnt: vielmehr ist die Gemeinsamkeit einer Quelle erwiesen.

Das Ergebniss ist insofern von besonderer Wichtigkeit, als Hinschius von dem Texte Udalrichs behauptet hat,[2] er böte eine originalere Fassung, denn alle anderen Handschriften. Schon dass er der zweiten Klasse angehört, ist der Annahme nicht eben günstig; der Vergleich mit dem Bamberger Codex, dessen Schreiber aus gleicher Quelle schöpft, wie er, macht sie völlig zu Nichte. Denn es versteht sich nun von selbst: wo Udalrich Lesarten bietet, die weder mit dem Bamberger Codex, noch mit den anderen Handschriften übereinstimmen, da handelt es sich um seine eigenste Aenderung, nicht um eine originalere Ueberlieferung unseres Dekretes. Kein Mensch wird annehmen, die Schreiber der anderen Handschriften hätten ganz in Uebereinstimmung mit dem Schreiber des Bamberger Codex eine Aenderung vorgenommen, während Udalrich den ursprünglichen Wortlaut beibehalten.[3] Wenn die schon oben angeführte Stelle des Bamberger Codex: nec aliqua super hoc audientia aliquando ei reservetur durch alle anderen Handschriften bestätigt wird, so ist des Udalrich nec aliqua super hac audacia venia aliquando ei reservetur eine ganz willkürliche Aenderung, vielleicht eine unglückliche Conjektur, um das ihm nicht geläufige audientia zu beseitigen. Dasselbe gilt von einem vielbesprochenen, nicht eben leicht zu erklärenden Satze: ut inprimis cardinales diligentissima consideratione tractent. Indem Udalrich tractent schrieb, während alle An-

---

[1] Münchener hist. Jahrbuch 1866. S. 156 Anm 67. Dagegen übrigens schon Usinger in Gött. Gel. Anz. 1870. S. 129.

[2] Kirchenrecht I. 248.

[3] So Waitz in seinem Aufsatze: Das Dekret Nikolaus II. über die Papstwahl im Codex Udalrici, Forschungen zur deutschen Gesch. X. 614 620. Wenn ich mich kürzer fassen kann, so verdanke ich es ja vor Allem Waitz selbst, nebenbei aber auch wohl dem Umstande, dass nun in der zusammenhängenden Erörterung aller Handschriften das wahre Verhältniss gleichsam in die Augen springen muss.

deren tractantes lasen, würde der Satz allerdings verständlicher, aber auf Kosten der Originalität.[1]

Was das Verhältniss der gemeinsamen Vorlage zu anderen Handschriften der zweiten Classe angeht, so möchte sich eine nähere Verwandtschaft, wie solche zwischen der Wiener und den Farfensern oder den Bambergern selbst besteht, nicht nachweisen lassen. Gewisse Uebereinstimmungen sind nicht so bedeutend, dass ich daraus Folgerungen ziehen möchte: man darf auch hier den Zufall nicht ausschliessen wollen.

Es bleibt noch der Vatikanische Codex: er theilt nicht die Lücken, welche ich bei den bisher besprochenen Texten hervorhob, er kann also nicht aus einem derselben abgeschrieben sein; ebenso wenig kann er deren Quelle sein, denn um nur Einen Grund anzuführen: ihm fehlen eine Reihe von Zeugen, die in den anderen vorhanden sind. Auch hier gilt dann, was soeben über die Bamberger Vorlage gesagt wurde: eine nähere Verwandtschaft zwischen ihm und einem anderen Texte, wie sie sich für den Wiener und die Farfenser ergab, vermag ich nicht darzuthun.

Mein Text beruht danach auf den Handschriften von Floreffe = Floreff. und Achen = Aq. Subsidiäre Bedeutung haben neben ihnen 1) der Wiener Codex = Vien. und die damit verwandten Farfenser Ueberlieferungen, nämlich die Abschriften des Panvinius aus einem alten Buche = Pan., des Abtes Berald in seinem nicht benannten Werkchen = Ber., des Gregor von Catina in seinem Register = Reg.; 2) der Bamberger Codex = Bamb. und das Briefbuch Udalrichs = Ud.; 3) der Vatikanische Codex = Vat.

---

[1] Wenn Jaffé von Udalrichs Sammlung sagt, sie sei summa rerum incuria gemacht, so hat er insofern gewiss Recht, als dem Udalrich eine Urkunde nicht eben etwas Heiliges und daher Unantastbares war; wie er aber andererseits doch bemüht war, den immerhin nicht ursprünglichen Text in einer fehlerlosen Form zu geben, sieht man eben an unserem Dekret. Ich habe schon S. 21 Anm. 1 einige Fälle ganz treffender Conjekturen Udalrichs verzeichnet. Sie werden es denn auch gewesen sein, die Hinschius bestimmt haben, dem Texte Udalrichs durchaus den Vorzug zu geben. Im Mittelalter scheint mir aber der Satz, dass Richtigkeit für Ursprünglichkeit zeuge, am Wenigsten Geltung zu haben.

Ich folge denselben Prinzipien, wie vorhin. Bei Ausgaben historischer Stücke kann ich der Varia lectio nur die dreifache Bedeutung zuerkennen: einmal soll sie alle sachlichen Abweichungen enthalten; was dann die formelle Seite angeht, so soll sie den Benutzer in den Stand setzen, einerseits selbst die Richtigkeit des hergestellten Textes prüfen und andererseits etwa noch später aufgefundenen Handschriften ihre Stellung anweisen zu können. Diesen Forderungen werden meine Varianten genügen. Besonders habe ich darauf verzichtet, die ganz werthlosen Abweichungen in der Form der Eigennamen anzumerken: bei den zahlreichen Zeugen habe ich formelle Varianten nur da mitgetheilt, wo man etwa zweifeln konnte, wie zu lesen sei.[1]

In nomine domini dei[a] salvatoris nostri Jesu Christi, anno ab incarnatione eius[b] MLIX., mense Aprili,[c] indictione XII.,[d] propositis sacrosanctis evangeliis,[e] praesidente quoque reverendissimo ac beatissimo Nicolao apostolico papa,[f] in basilica Lateranensis patriarchii, que cognominatur[g] Constantiniana, considentibus etiam reverendissimis archiepiscopis, episcopis, abbatibus seu venerabilibus[h] presbyteris atque diaconibus, idem venerabilis[i] pontifex, auctoritate apostolica decernens,[k] de electione summi pontificis inquit:

---

[1] Das bemerke ich, weil wir Deutschen in der Regel uns weniger zu beschränken pflegen, nicht zum Vortheile der Uebersichtlichkeit: in historischen Ausgaben von classischem Ansehen hat mich wenigstens die Fülle von Varianten nicht selten mehr verwirrt, als belehrt. Gern hätte ich nur eine Auswahl der allerwichtigsten getroffen, aber es würde unbescheiden gewesen sein, wenn ich in solcher Weise von den Gepflogenheiten berufsmässiger Editoren abgewichen wäre.

a dei et *Ud.* dei ac *Bamb.* b eiusdem *Ber. Pan. Ud. Bamb.* c idus Aprilis *Ud. Bamb.*, Aprilis *Ber. Pan. Vat.* d Anno ab inc. — indicit XII. In nomine etc. *Vienn.* e prop — evang. *fehlt Ber. Reg. Pan.* f ap. viro *Ber. Reg.*, papa ap. viro *Pan.* g agnominatur *Floreff. Ud. Bamb. Vienn.*, appellatur *Vat.* h et epis. et abbat. et venerab. *Vat.*, et epis., abbat. ac venerab. *Ud. Bamb.* i venerandus *Ber.* k pro decernenda electione *Vienn.*, decernendae electionis *Ber. Reg. Pan.*

Novit[a] beatitudo vestra, dilectissimi fratres et coepiscopi, inferiora[b] quoque membra[c] Christi non latuit, defuncto piae memoriae domino Stephano decessore[d] nostro, haec apostolica sedes; cui deo auctore deservio, quot adversa pertulerit, quot denique per simoniacae haeresis trapezitas malleis crebrisque tunsionibus subiacuerit, adeo ut columna dei[e] viventis iamiam[f] paene videretur[g] concussa nutare[h] et sagena summi piscatoris procellis intumescentibus cogeretur in naufragii profunda[i] submergi. Unde, si placet fraternitati vestrae, debemus auxiliante deo futuris casibus prudenter[k] occurrere et ecclesiastico statui, ne rediviva,[l] — quod absit! — mala praevaleant, in posterum providere.[m] Quapropter instructi praedecessorum nostrorum aliorumque sanctorum patrum auctoritate decernimus atque statuimus:

§. 1 ut obeunte huius Romanae universalis ecclesiae pontifice inprimis cardinales diligentissima simul consideratione tractantes,[n] salvo debito honore et reverentia dilecti[o] filii nostri Heinrici, qui in praesentiarum rex habetur et futurus imperator deo concedente speratur, sicut iam sibi[p] mediante eius nuntio Longobardiae cancellario W.[q] concessimus, et successorum[r] illius, qui ab hac apostolica sede personaliter hoc ius[s] impetraverint,[t] ad consensum novae electionis[u] accedant.[v]

§. 2 ut — nimirum ne[w] venalitatis morbus qualibet occasione[x] surripiat,[y] — religiosi viri cum[z] serenissimo[a] filio

---

a Noverit *Floreff. Vat.* *Der Druck von Floreff. bricht hier ab.* b et interiora Chr. membra *Ud.* quia interiora Chr. membra *Bamb.* c *fehlt Vienn.* d praedecessore *Ud. Bamb. Vat. Pan.* e *fehlt Bamb.* f iam *Vat. Vienn. Ud.* g videtur *Aq. Vienn.* h nutari *Ber. Reg.* natare *Vat.* i profundum *Ud.* k libenter succurere *Vat.* l recidiva *Vat.* m praevidere *Ber. Bamb.* n tractent *Ud.* o *fehlt Ud. Bamb.* dilectissimi *die Anderen ausser Aq, wofür doch auch die päpstliche Fassung spricht.* p *fehlt Ber. Reg. Pan.* q Wiberto *Ud. Bamb.* r successor *Ud.* successori *Bamb.* successorem *Ber. Reg.* successori *Pan.* s hoc ius *fehlt Ud. Ber.* t impetraverit *Ud. Bamb. Ber. Reg. Pan.* u dilectionis *Vat. Bamb.* v accedat *Ud. Bamb.* w *fehlt Ud.* x occasione non *Ud.* y surrepat *bessern Ud. Pan* z reverendissimo *Vat.*

nostro rege[a] Heinrico praeduces sint in promovendi[b] pontifices[c] electione, reliqui autem sequaces.

§. 3 Eligant autem de ipsius ecclesiae gremio, si reperitur idoneus, vel si de ipsa non invenitur, ex alia assumatur.

§. 4 Quodsi pravorum atque[d] iniquorum[e] hominum ita perversitas invaluerit, ut pura, sincera atque gratuita electio fieri in Urbe non possit, licet[f] pauci sint, ius tamen potestatis[g] obtineant, eligere[h] apostolicae sedi pontificem, ubi cum invictissimo rege Heinrico[i] congruentius iudicaverint.

§. 5 Plane[k] postquam electio fuerit facta, si bellica tempestas vel qualiscunque hominum conatus malignitatis studio restiterit,[l] ut is qui electus est in apostolicam sedem[m] iuxta consuetudinem[n] inthronizari non valeat, electus tamen sicut papa auctoritatem obtineat regendi sanctam[o] Romanam ecclesiam et disponendi omnes facultates illius,[p] quod beatum[q] Gregorium ante suam[r] consecrationem fecisse cognoscimus.[s]

Quodsi quis contra hoc nostrum decretum synodali sententia promulgatum per seditionem vel praesumptionem aut quodlibet ingenium[t] electus[u] aut etiam ordinatus seu intronizatus[v] fuerit, non papa sed sathanas, non apostolicus sed apostaticus ab omnibus habeatur et teneatur, et auctoritate divina et sanctorum apostolorum Petri et Pauli perpetuo anathemate cum suis auctoribus,[x] fautoribus et sequacibus[y]

---

a *fehlt Vat. Pan.* b) promovenda *Ber. Pan.* promovendo pont. electionem *Reg.* promovendis pont. electionem *Vat.* c summi pont. *Ud.* d et *Ber.* e atque iniquorum *fehlt Bamb.* f licet tantum *Vat.* g *fehlt Ber.* h eligendi *Ber. Reg. Pan. Bamb.* i *fehlt Ber Reg. Pan.* k Sane *Ud.* l restiterint *Ber. Reg. Pan.*, resisterit *Vienn.*, restitunt *Vat.* m in apostolica sede *Ber. Reg. Pan. Vat.* n iuxta consuet. *fehlt Bamb.* o *fehlt Bamb.* p eius *Ud.* q beatissimum *Ag. vgl. aber die päpstliche Fassung.* beatus Gregorius *Ber. Reg. Pan.* r *fehlt Vat.* s cognovimus *Ber. Vienn.*, ita tamen ut a nemine consecretur, nisi prius a rege investiatur ac laudetur *ist von zweiter Hand in Vat. hinzugefügt.* t quolibet ingenio *Ag. vgl. aber die päpstliche Fassung*, quolibet ingenio *auch Ber. Reg. Pan.* aliquod ingenium *Vienn.* u *fehlt Ber. Reg. Pan. Vienn.* v aut ordinatus si etiam si inthronizatus *Ber. Reg. Pan.*, *aber Ber. ohne* si. x *fehlt Vat.* y omnibus sequacibus *Vat.*

a liminibus sanctae[a] ecclesiae separatus subiciatur,[b] sicut Antichristus et invasor atque destructor totius christianitatis, nec aliqua super hoc[c] audientia aliquando ei reservetur,[d] sed ab omni ecclesiastico gradu, in quocunque[e] prius fuerat,[f] sine retractione[g] deponatur.[h] Cui[i] quisquis adhaeserit vel qualemcunque tamquam pontifici reverentiam exhibuerit aut illum in aliquo defendere praesumpserit, pari sententia[k] sit mancipatus.[l] Quisquis autem huius nostrae decretalis sententiae[m] temerator extiterit et Romanam ecclesiam sua praesumptione[n] confundere et perturbare[o] contra hoc statutum tentaverit, perpetuo anathemate atque excommunicatione[p] damnetur et cum impiis, qui[q] non resurgunt[r] in iudicio, reputetur.[s] Omnipotentis scilicet dei patris et[t] filii et spiritus sancti contra se iram sentiat et sanctorum apostolorum[u] Petri et Pauli, quorum praesumit ecclesiam confundere, in hac vita et in[v] futura furorem reperiat. Fiat habitatio eius deserta et in tabernaculo[w] eius non sit qui inhabitet. Fiant filii eius orphani et uxor eius vidua. Commotus amoveatur[x] ipse atque eius[y] filii et mendicent et eiciantur de habitationibus suis! Scrutetur foenerator omnem substantiam eius,[y] et diripiant alieni labores eius. Orbis terrarum pugnet contra eum et cuncta[z] elementa sint ei[a] contraria, et omnium sanctorum[b] quiescentium merita illum confundant et in hac vita super eum apertam vindictam ostendant.[c] Observatores autem huius nostri decreti dei omnipotentis gratia protegat[d] et auc-

---

a sanctae Romanae *Ber. Reg. Pan. Vienn.* b abiiciatur *bessert Ud.* subiaceat *Pan.* c eo *Pan.* haec *Reg.* d ei *fehlt Pan.* super hac audacia venia ei aliquando reservetur *Ud.* e quo *Vienn.* quocum *Vat.* f erat *Vat.* g retractatione *bessern Ud. Ber. Reg. Pan.* h puniatur *Bamb.* i cui si *Pan.* k sententiae *Vienn. Ud.* l sententiae mancipetur *Bamb.* m decretali sententia *Aq.* n sua praesumpt. *fehlt Ber. Reg. Pan. Vienn.* o conturbare *Vat.* voluerit et *fügen hinzu Ber. Reg. Pan.* p atque excomm. *fehlt Bamb.* q quo *Ud.* r resurgent *ist der Bibel gemäss in Ber. Reg. Pan. gebessert.* s deputetur *bessert Ud.* t *fehlt Pan.* u *fehlt Ud.* v *fehlt Pan.* w habitaculo *Aq.* tabernaculis *bessern Ud. Vienn.* x commoveatur *Pan.* y *fehlt Ber. Reg. Pan.* z omnia *Ber. Reg. Pan. Vienn. und auch Aq., vgl. aber die päpstliche Fassung.* a *fehlt Vienn.* b Romae *Vat. Ud. Bamb. und auch Aq., vgl. aber Seite 17 Anm. o.* c et — ostendant *fehlt Ber. Reg. Pan.* d et benedicat *Ber. Reg. Pan.*

toritate[a] principum apostolorum Petri et Pauli ab omnibus peccatorum vinculis absolvat. Amen.[b]

Ego[c] Nicolaus episcopus sanctae[d] catholicae et[e] apostolicae Romanae ecclesiae huic[f] decreto a nobis sicut superius[g] legitur[h] promulgato[i] subscripsi.[k]

Bonifacius[l] dei gratia Albanensi episcopus subscripsi.[1] Humbertus sanctae[m] Silvae Candidae[n] ecclesiae episcopus[o] subscripsi. Petrus Osticnsis episcopus subscripsi. Petrus Lavicanensis episcopus subscripsi.[p] Johannes Portuensis episcopus subscripsi.

Johannes cardinalis tituli sancti Marci, Leo cardinalis tituli sancti Damasi,[q] Vivus cardinalis[r] tituli sanctae Mariae trans Tiberin, Desiderius cardinalis[s] tituli sanctae Ceciliae; hi omnes subscripserunt.

Mancius archidiaconus, Crescentius diaconus, Amantius diaconus, omnes[t] sanctae Romanae ecclesiae subscripserunt.[u] Hildebrandus monachus et subdiaconus[v] et ceteri[w] Romanae ecclesiae subscripserunt.[x]

---

a beatorum *fügen hinzu Ber. Reg. Pan. Ud.* beati Petri et Pauli *Bamb.* b *fehlt Reg. Pan. Vienn. Ud.* c *fehlt Vat. Reg. Pan. Vienn. Ud. Bamb. Von hier beginnt wieder der Druck Floreff.* d sanctae sedis *Pan.* e atque *Pan.* f hoc. *Vat.* g supra *Ber.* h *fehlt Bamb.* i a nobis asserto et legitimo promulgato *ohne* supscripsi *Pan.* k subscripsit *Vat. Hier bricht Ber. in der Handschrift des Panvinius ab.* l *fehlt in allen Handschriften der zweiten Classe, ebenso bei den vier folgenden Namen;* subscripsit *Aq., hier und ferner.* m *mit dem folgenden* ecclesiae, *das auch Vienn. hat, nur in Vat. vgl. aber die päpstliche Fassung.* n *Hier endet Ud. mit den Worten* et ceteri. o ep. *nur Vat. Floreff. Aq. ebenso bei den folgenden Namen.* p Pet. Lav. — subsc. *fehlt Floreff. Nach* Petr. Lav. ep.: hi (huius *Vat.*) omnes *(fehlt Vienn. Bamb.)* Romani episcopi subscripserunt *(dafür* sub suis *Vienn.)* una cum Johanne Portuensi episcopo. *Vat. Vienn. Bamb.* q tit. s. Laurentii in Damaso *verbessert in Vienn. Reg. Pan.* r *fehlt Floreff.* s *fehlt Vienn.* t hi diaconi *statt* omnes *Vat.* u subsuis *Vienn.* v subdiaconibus *Vienn.* w cum ceteris *Reg. Pan.* et ceteri subdiaconi *Vat.* x sub suis *Vienn.*

[1] *Pan. beschränkt sich nun auf Nennung der Namen, indem er die Würde regelmässig nur einmal setzt, sie aber durch Striche zu allen bezieht; in Reg. ist die Würde nur ausnahmsweise hinzugefügt, aber die einzelnen Kategorien sint eingeleitet:* et Romani episcopi quinque — et cardinales quatuor — et diaconi tres; *bei den folgenden Erzbischöfen und Patriarchen ist* archiepiscopus *und* patriarcha *beibehalten, dann aber wieder:* et caetori episcopi. *Ich verzichte auf Ausführung im Einzelnen. — Vat. setzt für die Personennamen oft nur den Anfangsbuchstaben; auch darüber gehe ich hinweg.*

Wido[a] archiepiscopus, Dominicus Gradensis patriarcha, Ugo Grisopolitanus archiepiscopus,[b] Hildebrandus Capuanus archiepiscopus, Udelricus Beneventanus archiepiscopus, Alfanus Salernitanus archiepiscopus, hi omnes subscripserunt.

Johannes episcopus[c] Sabinensis, Johannes episcopus Tiburtinensis[d], Rolandus episcopus Sutriensis, Ailardus episcopus et[e] abbas sancti Pauli Romae,[f] Leo episcopus Gaietanae, Johannes episcopus Terracinensis, Pandolfus episcopus Marsiensis,[g] Atto episcopus Theatensis,[h] Dominicus episcopus Balbensis, Johannes episcopus Pennensis,[i] Palumbo episcopus Surancnsis, Petrus episcopus Castellanus,[k] Ludovicus episcopus Nucerinus, Herimannus episcopus Castellanensis,[l] Heinricus episcopus Spoletinus, Meinradus episcopus Urbinensis, Godefridus episcopus Perosinus, Hageno episcopus Eduensis,[m] Godefridus episcopus Attelanensis, Udelricus episcopus Firmanensis, Berardus[n] episcopus Esculanus, Hugo episcopus Camerinensis, Willelmus episcopus Numanus, Trasmundus[o] episcopus Fesulanus, Johannes episcopus[p] Suanae, Rofredus[q] episcopus Atestensis,[r] Marinus[s] episcopus Fundensis, Albertus episcopus Narianensis,[t] Bernhardus episcopus Agathensis, Teuzo episcopus Urbibetanus, Johannes episcopus Clusinus, Johannes episcopus Senensis, Wido episcopus Vulternensis, Petrus episcopus Vulturnensis,[u] Benedictus episcopus[v] Suessanus, Azo

a Wibertus archiep. *Reg.* Wibertus archiep. Ravennas *Pan.* b patriarcha *Vienn. Reg. Pan.* c *Floreff. und Aq. haben zunächst* episcopus *oft am Ende, ohne darin immer übereinzustimmen; später ist die Stellung, wie bei den Andern.* d Joh. ep. Tib. *in Bamb. unten nach* Petrus ep. Civit. Cast. e *fehlt Vienn. Reg. Bamb.* f Romae *nur Floreff. Aq., vielleicht doch Zusatz.* g Narniensis *Bamb.* h *Danach Pan.* Gilbertus Tusculanus. i Joh — Penn. *fehlt Floreff.* k civitatis Castellanae *Reg. Pan.* civitatis Castellanensis *Vienn.* Civitatis Castalensis *Bamb.*, *einfach* Castallanensis *Vat.* l Ludovicus ep. Herimannus ep. Castell. *Bamb. unten vor* Teuzo ep. Urbivet. m Godef — Eduensis. *fehlt Vat.* n Gerardus *Vienn.* o Erasmus *Floreff.* p *fehlt Floreff. Aq.* q Rofred. ep. Senensis. *Die übrigen, dazwischen gehörenden Namen fehlen in Vat., mit Ausnahme von* Martinus ep. Fundensis, *der aber hinter* Theodicus ep. Senogallens. *folgt.* Rofred. ep. — ep. Agathensis *nach* Achinus ep. Asissin. *Bamb.* r Atesrensis *Bamb.* Egubinus *Vienn. Reg. Pan.* s Martinus *Vat. Reg. Pan.* t Abertus ep. Narian. *fehlt Bamb.* u Colturnensis *Aq.* Vulturanensis *Vienn. fehlt Bamb.* v *fehlt Bamb.*

episcopus Fullienensis, Petrus episcopus Apruticensis, Gerardus episcopus Rosellanus, Anselmus episcopus Lucensis, Petrus episcopus[a] Pensauriensis, Audulfus episcopus Fertranus, Rodulfus episcopus Egubinus, Teotius[b] episcopus Senogaliensis, Arduinus episcopus Tudertinus,[c] Arduinus episcopus Fanensis,[d] Arnulfus episcopus Cusentinus, Stefanus episcopus Troianensis, Benedictus episcopus Simphroniensis, Hugo episcopus Callensis, Gerardus episcopus Reatensis, Giselbertus episcopus Tuscanensis,[e] Achinus episcopus Asisinus, Ingo episcopus Balneoregis, Tegrimo episcopus Populoniensis,[f] Ubertus episcopus Januensis, Deodatus episcopus Corbinensis, Johannes episcopus Trebensis, Johannes episcopus Alatrinensis, Placitus episcopus Berolanensis, Erasmus episcopus Signensis, Arechis episcopus[g] Alifanae, Cunibertus episcopus Taurinensis, Opizo episcopus Bobiensis,[h] Benzo episcopus Albensis,[i] Otto episcopus Novariensis,[k] Heinricus episcopus Iporigiensis, Willehelmus episcopus Pampuliae,[l] Gregorius episcopus[m] Vercellensis.[n] Hi omnes [1] confirmaverunt.[o]

---

a *fehlt Vienn. und so noch öfter.* b Theodicus *Vienn. Reg.* Theodotius *Vat.* Teudicius *Bamb.* Theodericus *Pan.* c Ard. ep. Tudert. *fehlt Aq.* d Ard. ep. Fan. *fehlt Bamb.* ep. Fanensis., Arn. ep. Cusent. Stephanus *fehlt Vat.* e Tuscanensis, Achin. ep. Asissin., Ingo ep. *fehlt Vat.* f *Hier folgen im Vat. die Bischöfe von Segni bis* W. ep. Populon. *einschliesslich.* g archiepiscopus *anstatt* Arechis ep. *Vat.* h Opizo ep. Bob. *fehlt Vat.* Bobiensis, Benzo ep. *fehlt Vienn.* i *fehlt Reg. Pan.* k Heinr. ep. Yporeg., Otto ep. Novar. *Bamb.* l Populoniae *Vat.* Apuliae *Bamb.* Apuliensis *Vienn.* Aquensis *Pan.* Apostolicus *Reg.* m *fehlt Floreff.* n Greg. ep. Vercell. *fehlt Vat. Bamb. Vienn. Reg. Pan.* o Summa episcoporum, qui interfuerunt huic *(fehlt Aq.)* sanctissimae synodo, fuit *(fehlt Aq.)* CXXIII. *Floreff. Aq.* de quibus fuerunt episcopi LXXVI, cardinales IV, diaconi III, subdiaconus Hildebrandus monachus et caeteri subdiaconi Romanae ecclesiae; et multi alii catholici confirmaverunt. *Reg. Aehnlich Pan. Was Pertz auf Grund des Vat. als* Augmentum *folgen lässt, ist nach Jaffé bibl. rer. Germ. V. 45 Anm. 11 in* Augustinus *zu ändern: es ist kein Zusatz zum Dekret, sondern ein Ausspruch des hl. Augustin.*

1. Ich lasse hier die Namen der erzbischöflichen und bischöflichen Sitze in ihrer heutigen Wortform folgen: 1) Mailand 2) Grado, später Venedig. 3) Besançon. 4) Capua. 5) Benevent. 6) Salerno. 7) von

Bei einer Vergleichung beider Texte müssen gemeinsame Fehler auffallen: hier und dort heisst es: ne venalitatis morbus surripiat, während doch die von einzelnen Schreibern vorgenommene Aenderung: surrepat ganz unumgänglich ist. Um noch ein anderes Beispiel anzuführen, so soll der Zuwiderhandelnde in beiden Fassungen a liminibus sanctae ecclesiae separatus subiiciatur: auch hier haben wenigstens zwei Copisten empfunden, dass abiiciatur zu bessern sei. Man sieht, dass beide Texte nicht unmittelbar aus dem doch gewiss nicht solche Fehler enthaltenden Original geflossen sind.

Wenn nun die päpstliche Fassung sich als echt bewähren wird, wenn sich für die kaiserliche dennoch einzelne formelle Vorzüge ergeben werden, dann muss der Fälscher der letzteren ein Exemplar der erstern benutzt haben, in welchem auch schon etwa surrepat und abiiciat in surripiat und subii-

---

der Sabina = Mentana und Fornovo. 8) Tivoli. 9) Sutri. 10) S. Paolo fuori le mura. 11) Gaeta. 12) Terracina. 13) vom Marsenlande: episcoporum vaga incertaque residentia fuit. Ughelli Ital. sac. ed. Coleti I. 883. 14) Chieti. 15) Valva. 16) Penne. 17) Sorano. 18) Cività Castellana. 19) Nocera. 20) Città di Castello. 21) Spoleto. 22) Urbino. 23) Perugia 24) Autun. 25) Aversa. 26) Fermo. 27) Ascoli in Piceno. 28) Camerino. 29) Umana. 30) Fiesole. 31) Soana. 32) Ateste ist eine Form für Este, das jedoch kein Bisthum war; man möchte auf Asti rathen, dessen Bischof nach Bonitho ap. Jaffe Bibl. rer. Germ. II. 613 anwesend war, aber derselbe hiess Girelmo. 32) Fondi. 33) Narni. 34) Santa Agatha de'Goti. 35) Orvieto. 36) Chiusi. 37) Siena. 38) Volterra. 39) Volturaria. 40) Suessa. 41) Foligno. 42) Teramo. 43) Rosello, später Grosetto. 44) Lucca. 45) Pesaro. 46) Montefeltre. 47) Gubbio. 48) Sinigaglia. 49) Todi. 50) Fano. 51) Cosenza. 52) Troja. 53) Fossombrone. 54) Cagli. 55) Rieti. 56) Toscanella. 57) Assisi. 58) Bagnorea. 59) Massa maritima. 60) Genua. 61) Monte Corvino. 62) Trevi. 63) Alatri. 64) Veroli. 65) Segni. 66) Alife. 67) Turin. 68) Bobbio. 69) Alba. 70) Novara. 71) Ivrea. 72) Etwa Ampurias auf Sardinien? 73) Vercelli. Dazu die fünf Kardinalbischöfe macht 78 Bischöfe. Ausserdem nennt Bonitho a. a. O. sieben Bischöfe, von denen Girelmo von Asti, Opizo von Lodi und Aldemann von Brescia unter unseren Zeugen fehlen. Als 82. lässt sich endlich aus der Urkunde bei Mabillon Annal. ord. s. Bened. IV. 686 ed. II.[a] der Bischof von Pavia ergänzen; die übrigen dort genannten findet man auch oben.

ciat verdorben, welches aber nicht schon durchweg mit den Mängeln des uns vorliegenden Textes behaftet war. Es wird dabei zu beachten sein, dass die vielen Handschriften, welche uns von der päpstlichen Fassung erhalten sind, doch nur eine und dieselbe, schon getrübte Ueberlieferung darstellen.

PRÜFUNG DER AUS DER FORM GEZOGENEN SCHLÜSSE.

In der kaiserlichen Fassung findet sich ein Satz, dessen „Sinnlosigkeit" durch Verkürzung der päpstlichen entstanden sein soll.

Indem ich mich der Erörterung der Frage zuwende, schicke ich die für das Verständniss nöthige Bemerkung voraus, dass tractare der technische Ausdruck für die eigentliche Wahl ist. Derselbe begegnet uns in beiden Texten. Im päpstlichen heisst es: ut inprimis cardinales episcopi diligentissima simul consideratione tractantes, mox sibi clericos cardinales adhibeant sicque reliquus clerus et populus ad consensum novae electionis accedant; im kaiserlichen dagegen inprimis cardinales diligentissima simul consideratione tractantes, salvo debito honore et reverentia dilectissimi filii nostri Heinrici, ad consensum novae electionis accedant. Woher hier das accedere ad consensum kommt, ist nur erklärlich, — wie C. Weizsäcker[1] meint, — wenn man in der Parallele des anderen Textes sieht, dass dasselbe sich ursprünglich auf den reliquus clerus et populus bezieht und erst durch Weglassung der Worte mox sibi clericos cardinales adhibeant sicque reliquus clerus et populus auf die cardinales bezogen ist. Aehnlich meinen Waitz[2] und Andere, nur die Bestimmung des päpstlichen Tenors, dass Clerus und Volk hinzukommen sollten, der Wahl der Kardinalbischöfe ihre Zustimmung zu ertheilen,

---

[1] Jahrbücher f. dtsch. Theol. XVII. 499.

[2] Forsch. IV. 108.

gäbe einen rechten Sinn, während es im kaiserlichen Texte „gewiss sehr wunderlich heisse“, dass die Kardinäle, diligentissima simul consideratione tractantes, doch zugleich ad consensum novae electionis accedant.

Es ist nicht zu verkennen: wenn man auf die päpstliche Fassung sieht, so findet man Alles glatt und plan. Aber von vorn herein ist ja die Annahme, dass ein geschickter Fälscher aus einem dunkelen Satzgefüge auch einmal ein klares machen konnte, — ist diese Annahme nicht durchaus unzulässig. Gerade bei rechtlichen Verhältnissen kann es oft scheinen, als ob die Menschen des Mittelalters mit Fleiss die Klarheit vermieden und die Dunkelheit gesucht hätten. Aus der berühmten Urkunde vom 13. April 1180 — um ein Beispiel anzuführen, — erhält man weder ein nur irgendwie sicheres Bild vom Processe Heinrichs des Löwen, noch von der Theilung des sächsischen Herzogthums. Das erwägend, will ich mich durch die Präcision der päpstlichen Fassung nicht bestechen lassen, sondern eine Deutung des allerdings räthselhaften Satzes der kaiserlichen versuchen. Wenn sich später herausstellt, dass sie nicht dem Original gegolten hat, so hat es sich darum gehandelt, die Meinung des Fälschers kennen zu lernen.

Unter Berücksichtigung der technischen Bedeutung von tractare übersetze ich: „es sollen die Kardinäle, mit umsichtigster Erwägung wählend, — nachdem die unserem geliebtesten Sohne Heinrich schuldige Ehrfurcht und Reverenz gewahrt ist, — der Zustimmung zur neuen Wahl beipflichten“. Der Sinn des immerhin verschrobenen Satzes ist: der König hat seine Zustimmung ertheilt; die ihm gebührende Ehre und Reverenz ist eben dadurch gewahrt, dass man seine Zustimmung einholte; und ihr nun beipflichtend, wählen die Kardinäle: deren formeller Anschluss an die Zustimmung des Königs ist eben die Wahl.[1] Das Verfahren hat freilich eine

[1] Die Zustimmung, von welcher Seite sie auch kommen mag, wird vielfach geradezu als electio bezeichnet. Vgl. darüber den Abschnitt, der vom Rechte des Königs handelt. In dem unmittelbar folgenden Paragraphen heisst es denn auch: Eligant autem etc.

nicht ausgesprochene Voraussetzung: wenn die Kardinäle, indem sie der Zustimmung des Königs in formeller Weise beipflichten, die eigentliche Wahl vollziehen, dann muss dem Könige ein Kandidat vorgeschlagen worden sein.

Und was hier nun theils ausgesprochen, theils vorausgesetzt ist, haben italienische Imperialisten thatsächlich verlangt, falls von rechtmässiger Erhebung eines Papstes die Rede sein könne. Ich werde in anderem Zusammenhange auf das Recht des Königs ausführlicher zurückkommen; es sei hier nur erwähnt, dass die mehrfach ausgesprochene Forderung: „es solle nach Massgabe königlicher Zustimmung gewählt werden", denselben Wahlmodus erheischt. Der König giebt seine Zustimmung, dann wählen die Kardinäle; der Begriff „Zustimmung" aber bedingt hier, dass ein Kandidat schon aufgestellt war.

Das giebt einen Sinn, nicht einen Unsinn. Wie sollte auch ein Fälscher — wenn wir einen solchen annehmen wollen, — in so wichtiger Sache sich gleichsam seines Denkvermögens entäussert haben? Wenn Jemand eine Chronik über längst vergangene Zeiten fälscht, kann er durch ungeschickte Verwerthung seiner Vorlagen zu allerlei Wahnwitz gelangen; hier aber würde es sich um den zeitgenössischen Fälscher eines für staatsrechtliche Zwecke zu verwerthenden Dokumentes handeln, und dieser wird doch genau gewusst haben, was er mit seiner Fälschung wollte.

Man hat sich bisher bei der Erklärung des kaiserlichen Tenors zu sehr von der Bedeutung des päpstlichen beeinflussen lassen. Die Worte sind vielfach dieselben, besagen in dem verschiedenen Zusammenhange, der durch die Einschiebung oder Weglassung des königlichen Rechtes gegeben ist, aber etwas ganz Anderes. Ich will besonders noch hervorheben, dass ad consensum novae electionis accedant in der päpstlichen Fassung heisst: „hinzukommen, um selbst der neuen Wahl beizustimmen", in der kaiserlichen dagegen: „der von anderer Seite ertheilten Zustimmung auch beipflichten". Und hier wird man sogar behaupten können, dem Sinne der kaiserlichen Fassung entspreche durchaus ad consensum, während man nach dem Sinne der päpstlichen, wenigstens von einem klassischer Schreibenden, ad consentiendum oder ut consentiant erwartet.[1]

Zu meiner Deutung[2] passt der sich unmittelbar anschliessende Satz: religiosi viri cum filio nostro rege Heinrico praeduces sint in promovendi summi pontificis electione, reliqui autem sequaces. Da eine persönliche Anwesenheit des Königs doch nur in den seltensten Fällen statthaben konnte, so möchte in dem Satze ausgesprochen sein, dass die Religiosen, in Uebereinstimmung mit dem Könige, zuerst die Stimme abgeben, die Anderen ihnen folgen sollen. Aber, — hat man gesagt, — die Scheidung von religiosi und reliqui ist im kaiserlichen Tenor gar nicht am Platze, sie erklärt sich wieder erst aus dem päpstlichen, in welchem der nämliche Satz sich findet, nur dass auch diesmal nicht des Königs gedacht wird. Hier habe man mehrere Kategorien: Kardinalbischöfe, Kardinalkleriker, Geistlichkeit und Volk, hier seien also mit gutem Grunde die religiosi den reliqui entgegengestellt; dort seien keine ständischen Gliederungen vorhanden, also könnte auch nicht zwischen religiosi und reliqui geschieden sein. Auch bei dieser Argumentation scheint man mir allzu sehr unter dem Einflusse der päpstlichen Fassung zu stehen. In ihr mögen ja die reliqui, im Gegensatz zu den religiosi, „die untergeordneten Faktoren" bedeuten; nur begreife ich nicht, was uns hindern soll, auch innerhalb des Kardinalcollegs einen

[1] Ebenso heisst in der päpstlichen Fassung inprimis, mox, sicque etwa: erstens, alsbald, endlich; in der kaiserlichen entspricht dem imprimis kein mox sicque, es kann da also nur heissen: vornehmlich.

[2] Bernhardi hat in den Forschungen XVII. 398 einen neuen Text des in Rede stehenden Satzes hergestellt. Ebendort 408 Anm. bemerkt Waitz, dass in Bernhardis Construktion „nicht einmal deutlich Das enthalten ist, worauf es ankommen soll", nämlich die Zustimmung des Königs. Die vorgenommene Aenderung beruht auf der Voraussetzung: „consensus regis war das Wort der Urkunde". Die Unrichtigkeit dieses Satzes werde ich in dem Kapitel vom Rechte des Königs darthun; und damit möchte aller Grund zu einer Aenderung im Sinne Bernhardis wegfallen. Dass unsere zahlreichen Handschriften hier ganz gleichlauten, ohne doch durchweg von einander abhängig zu sein, ist überdies ein Moment, welches von vornherein eine Umgestaltung des Textes nicht eben empfiehlt.

Unterschied zwischen Religiosen und Nichtreligiosen zu machen.[1] Ich begreife es um so weniger, als damals das Kardinalcolleg keineswegs auf einen kleinen Kreis beschränkt war, als nicht bloss Bischöfe, Priester und Diakonen, wie später, sondern auch Acoliten und Subdiakonen demselben angehörten.

Ich verkenne keinen Augenblick, dass es nicht eben die einfachsten Mittel sind, durch welche ich den dunkelen Satz aufzuhellen versucht habe. Aber ich darf wohl noch einmal — als Ein Beispiel aus vielen — an die Urkunde vom 13. April 1180 erinnern, deren Verständniss zu erschliessen auch nicht eine blosse Uebersetzung genügt. Im Uebrigen habe ich mehr zeigen wollen, dass der betreffende Satz doch nicht jeglichen Sinnes entbehrt, als es sich für mich um eine Rettung handelt. Ich kann nur wiederholen: man muss sich bei der Fälschung — wenn eine solche vorliegt — doch ganz Bestimmtes gedacht haben.

Gegen die Echtheit der päpstlichen Fassung ist zunächst behauptet worden, die Wahrung des königlichen Rechtes stände an verkehrter Stelle. C. Weizsäcker[2] hat daraus die „Unwahrscheinlichkeit", Will die „Unechtheit" gefolgert. Indem ich ihre Beweisführung prüfe, schicke ich voraus, dass die Wahrung des königlichen Rechtes im päpstlichen Tenor einen Satz für sich bildet: er bezieht sich nicht auf ein einzelnes Wort, wie schon Waitz bemerkt hat,[4] sondern ist ein

[1] Wenn man sagt: „vor Allen sollen die Kardinäle wählen, und zwar die Religiosen an erster, die Nichtreligiosen an zweiter Stelle", so versteht sich doch wohl von selbst, dass die beiden Kategorien unter den Kardinälen zu suchen sind, dass nicht bloss die eine die Kardinäle umfasst, die andere aber jene Stände, deren Theilnahme durch den Zusatz „vor Allen" als immerhin zulässig gekennzeichnet ist. Ueberdies wird sich noch ergeben, dass in der kaiserlichen Fassung Volk und Klerus mit Geflissenheit zurückgedrängt sind.

[2] a. a. O. 514.

[3] Forschungen IV. 542.

[4] a. a. O. VII. 405.

allgemeiner Vorbehalt. Das mögen auch Weizsäcker und Will zugestehen, aber eben darum verlangen sie eine andere Reihenfolge. Den Wählern gilt der erste Paragraph; es folgt eine Bestimmung über die Person des zu Wählenden, dann eben die Wahrung des königlichen Rechtes; eine Bemerkung über den Ort der Wahl schliesst den materiellen Theil. Erst nach dem letzteren Satze, nicht schon vor demselben, meint man, hätte das Recht des Königs gewahrt werden müssen, wenn mit der Wahrung in der That ein allgemeiner Vorbehalt ausgesprochen werden sollte. Aber dabei ist übersehen, dass der auf den Ort bezügliche Paragraph eine Ausnahme betrifft: was bis dahin festgesetzt wurde, ist das Regelmässige, und dahin gehört das Recht des Königs.

Nicht schwerer wiegt der Einwand, der für den König gemachte Vorbehalt, welcher in der kaiserlichen Fassung wenigstens durch den ihm angewiesenen Platz erläutert werde, erscheine in der päpstlichen wie ein unlösbares Räthsel. Das ist allerdings einzuräumen; aber im Dekrete selbst bedurfte es auch gar keiner Umschreibung Dessen, was dem Könige zugesichert wurde; Nikolaus konnte sich einfach für das Recht des Königs auf eine schon vorausgegangene Verleihung beziehen. Denn in den Worten: salvo debito honore et reverentia dilecti filii nostri Henrici, qui in praesentiarum rex habetur et futurus imperator Deo concedente speratur, sicut jam sibi concessimus, et successorum illius, qui ab hac apostolica sede personaliter hoc ius impetraverint, ist doch von einem Rechte an der Papstwahl die Rede. Allerdings hat man übersetzt: „Heinrich sei als zukünftiger Kaiser erhofft, wie der Papst ihm schon zugestanden", und hat demgemäss auch das Recht, welches etwa zukünftigen Königen für ihre Person ertheilt werden sollte, als die Kaiserkrönung gedeutet.[1] Aber um die sprachlich ganz unpassende Beziehung von sicut iam concessimus auf qui futurus imperator speratur nicht ein-

---

[1] Giesebrecht Annal. Altahens. 150 Anm. Später ist er auf die hier ausgesprochene Meinung nicht zurückgekommen. Dafür hat Lindner Anno d. Hl. 101. 102. dieselbe wieder aufgenommen und zu begründen versucht.

mal zu betonen, erstens betrachtete man damals noch die Kaiserkrönung als etwas für den deutschen König durchaus Selbstverständliches, wozu es keiner besonderen Conzession des Papstes bedurfte, zweitens war es eben so selbstverständlich, dass der König die Kaiserkrone nur für seine Person empfangen konnte. Die scharfe Accentuirung: qui ab hac apostolica sede hoc ius personaliter impetraverint, setzt ein Recht voraus, das ein König nicht bloss für seine Person, sondern auch für seine Nachfolger oder allgemein fürs Reich erwerben konnte. So etwa war es mit dem Wormser Concordate der Fall, so unzweifelhaft auch hier. Zum Ueberfluss haben wir die Bestätigung Damianis. Von dem königlichen Rechte an der Papstwahl handelnd, sagt er: Nicolaus papa hoc domino meo regi privilegium, quod ex paterno iam iure susceperat, praebuit et per synodalis insuper decreti paginam confirmavit.[1] Dabei entspricht hoc domino meo regi privilegium praebuit dem Satze: sicut jam sibi concessimus; bei den Worten et per synodalis insuper decreti paginam confirmavit denkt Damiani an die in Frage stehende Stelle des Dekrets. Wenn aber in einem vorausgegangenen Akte über das königliche Recht gehandelt war, bedurfte es dann in dem Dekrete selbst einer nochmaligen Definition? genügte nicht vielmehr eine einfache Verweisung, wie sie mit dem sicut jam sibi concessimus gegeben ist?

Es bleibt ein letzter Einwand. In der kaiserlichen Fassung lesen wir: wer gegen die erlassene Vorschrift den Stuhl Petri besteigt, non papa sed sathanas, non apostolicus sed apostaticus ab omnibus habeatur et teneatur. Diese Worte fehlen in der päpstlichen, finden aber die beste Bestätigung in zwei Schriftstücken,[2] in welchen Nikolaus von seinem Dekrete spricht: non papa vel apostolicus, sed apostaticus habeatur! Nur sed sathanas fehlt. Aber auch für ihn hat sich gewissermassen eine Bürgschaft dargeboten. In einer

---

[1] Opera ed. Cajetani III. 55.

[2] In dem sogenannten Rundschreiben und dem Simonieverbote, auf welche ich in dem Abschnitte: Die Kardinalbischöfe als eigentliche Wähler zurückkommen werde.

Aufzeichnung noch des 11. Jahrhunderts[1] heisst es von unserer Wahlordnung: sub anathemate roboratum, universo reclamante et collaudante concilio, videlicet ut quisquis deinceps partes de apostolatu faceret etc., non iam papa vocaretur sed sathanas, non apostolicus sed apostaticus diceretur. Et expleto anathemate dixerunt omnes: fiat! fiat! Freilich hat Waitz neulich gemeint,[2] diese Bestätigung der fraglichen Worte sei doch nur eine scheinbare: er hat gezeigt, dass dem Berichte, welchem wir dieselbe entnehmen, in einer Pariser Handschrift die päpstliche Fassung des Dekretes folge und zwar auch ohne unseren Fluch. Indem er nun wahrscheinlich doch auf expleto anathemate besonderes Gewicht legt, vielleicht auch in der Meinung, zwischen Bericht und angehängtem Dekret müsse eine reine Harmonie bestehen, gelangt er zu dem Schlusse: „dass die Worte als Inhalt oder Folge des Anathems vom Papste mündlich gebraucht seien, dass sie darum noch kein Bestandtheil der Urkunde zu sein brauchten.“ Aber die ganze Wahlordnung ist ja zunächst in Form einer Rede veröffentlicht worden;[3] und weshalb nun gerade das Stückchen der Ansprache, um welches es sich hier handelt, in die schriftliche Fixirung nicht mit hinübergenommen sein sollte, ist um so weniger abzusehen, als ja der übrige, sehr ausführliche Theil des Anathems aufgezeichnet wurde. Auch werden in den beiden Schriftstücken, in denen Nikolaus selbst auf seine Wahlordnung sich bezieht, wenigstens die Worte non apostolicus sed apostaticus als Worte des Dekrets angeführt. Endlich hat die Waitzsche Meinung die doch sehr künstliche Annahme zur Voraussetzung, dass der Fluch aus einem Berichte, wie der vorliegende, in die kaiserliche Fassung übertragen sei. Was dann die etwaige Annahme betrifft, es müsse zwischen Dekret und vorausgehendem Berichte volle Uebereinstimmung bestehen, so würde dieselbe schon dadurch widerlegt werden, dass eine ganze Reihe von Ungleichheiten oder

---

[1] Vgl den Text in der 4. Beilage.

[2] a. a. O. XVII. 170.

[3] — idem venerabilis pontifex etc. inquit.

auch Widersprüchen sich vorfinden.[1] Der Bericht ist ursprünglich nicht als mit dem Dekret verbunden gedacht, darum wird derjenige, der letzteres kennen lernen will, nicht etwa auf das Folgende verwiesen, sondern auf die Archive. Die Brüsseler Bibliothek bewahrt denn auch eine Abschrift ohne das Dekret. In einem Wiener Codex aber ist wenigstens ein Stück mit der kaiserlichen Fassung vereinigt. Dazu gehört der Bericht denn auch in der That, er ist hochkaiserlich gefärbt, und nur eine sehr ungeschickte Hand konnte ihn durch die päpstliche Fassung belegen wollen. So darf man aus ihm für deren Richtigkeit keinerlei Schlüsse ziehn. Allerdings möchte ich ihn auch nicht so unbedingt zur Bestätigung der kaiserlichen verwerthen, denn offenbar hat diese selbst dem Autor — wie ungenau auch sein Excerpt ist, — als Quelle gedient. Aber wenigstens die Worte non apostolicus sed apostaticus bedürfen auch gar keiner weiteren Rechtfertigung: Nikolaus hat den Fluch ja noch zweimal als Bestandtheil des Dekretes bezeichnet. Unläugbar hat die päpstliche Fassung eine Lücke. Ist damit auch ein Beweis gegen ihre Echtheit geführt? Gewiss nicht. Vergebens sucht man nach einem Grunde, wodurch ein Fälscher bestimmt worden wäre, diese Worte wegzulassen: stärkere Flüche hätte er ohne Bedenken hinübergenommen.[2] Hier muss ich daran erinnern, dass alle Exemplare der päpstlichen Fassung, die uns erhalten sind, auf eine einzige und zwar schon verderbte Abschrift zurückgehen. Gemeinsame Fehler liefern den Beweis. Dazu kommen gemeinsame Lücken: dass die Worte non

---

[1] So heisst es z. B, Nikolaus habe bestimmt, ut quisquis etc. absque electione praedictorum Henrici imperatoris et filii sui etc. Von Heinrich III ist natürlich im Dekrete keine Rede.

[2] Deusdedit Contra invasores ap. Mai Patr. nova bibl. VII. c. 84 hat zwar behauptet: Excommunicatio autem, quae in praefato decreto terribiliter profertur, a Guiberto aut suis fautoribus indita creditur, quoniam in antiquioribus eiusdem decreti exemplaribus longe aliter habetur; aber die „erschreckliche Excommunication" findet sich in beiden Fassungen: Deusdedit versteht unter „den älteren Exemplaren" gewiss nur die Auszüge des Dekretes, welche im Rundschreiben und Simonieverbot vorliegen.

apostolicus etc. fehlen, hat denselben Grund, wie dass in der Einleitung: ut columna dei viventis iamiam paene videretur concussa nutare das gut verbürgte concussa vermisst wird. Dieser Grund aber ist kein tiefer, er ist eben die Nachlässigkeit jenes einen Copisten, dessen heute mit dem Original verlorene Abschrift für alle uns vorliegenden Exemplare die gemeinsame Quelle war.

ANGEBLICHE AENDERUNG DURCH DEN GESETZGEBER SELBST.

Für die Beurtheilung unserer ganzen Frage würde es eine entscheidende Bedeutung haben, wenn sich zeigen liesse, dass das Wahldekret vom April 1059 eine officielle Aenderung erfahren habe. Wir würden dann mannigfache Urtheile zeitgenössischer Autoren, die wir zur Erläuterung und Prüfung heranziehen werden, nicht ohne Weiteres auf die Urkunden eben vom April 1059 anwenden dürfen: es wäre vielmehr von vornherein wahrscheinlich, dass dieselben der officiellen Aenderung gelten, also für die uns vorliegenden Fassungen des Dekretes von 1059 gar keinen Werth hätten. Derartiges ist nun in der That behauptet worden.

Am wenigsten würde hier die Meinung Weizsäckers in Betracht kommen,[1] dass nämlich ursprünglich im Dekrete Nichts vom königlichen Rechte erwähnt worden, dass aber ein betreffender Zusatz schon auf der Sinode vom April 1059 selbst der Urkunde eingefügt sei. Ich muss gestehen, dass ich in der Weizsäckerschen Ausführung, wie lehrreich dieselbe durch die Definition des königlichen Rechtes ist, doch keinen greifbaren Grund für seine Vermuthung gefunden habe.[2] Wie Weizsäcker zugiebt, ist das königliche Recht vor

[1] a. a. O. 517–522.

[2] Dass die Wahrung des königlichen Rechtes als ursprünglicher Bestandtheil anzusehen sei, wird Weizsäcker z. B. dadurch zweifelhaft, „dass der Satz selbst sich auf einen schon vorausgegangenen Akt zurückbezieht“.

dem Wahldekrete selbst festgesetzt worden: die Worte sicut iam sibi concessimus lassen darüber keinen Zweifel. Peter Damiani, der betheiligte Kardinal, sagt dann ausdrücklich, Papst Nikolaus habe per synodalis insuper decreti paginam das königliche Dekret bestätigt. Weizsäcker ist weit entfernt, unter der Sinode, von welcher Damiani redet, eine andere zu verstehen, als eben die vom April 1059. Weshalb man nun ein Zugeständniss, welches dem Könige vor dem Erlass der Wahlordnung gemacht und zuletzt auch in dieser anerkannt ist, in einer nicht vorhandenen, kurz vorausgegangenen Fassung durch Schweigen verleugnet haben soll, vermag ich nicht zu durchschauen. Weizsäcker scheint mir hier doch zu klügeln und zu düfteln. Wie aber auch immer, — er meint nicht, dass das Dekret nach der Sinode eine Aenderung erfahren habe.

„Nicht geändert", meinen auch Höfler[1] und Gfrörer,[2] aber ganz zurückgenommen, soweit es sich um das königliche Recht handelt.[3]

In den Beschlüssen einer späteren Sinode,[4] dem sogenannten Simonieverbote, bezicht sich Nikolaus II. auf seine Wahlordnung, aus der er mehrere Bestimmungen fast wörtlich wiederholt, aber des königlichen Rechtes mit keinem Worte gedenkt. Also muss dasselbe, so folgert man, inzwischen aufgehoben sein. Doch man übersieht, dass auch in Aktenstücken der Sinode vom April 1059, nämlich in Briefen, wodurch Gregor die Beschlüsse derselben verkündigt, wohl der Wahlordnung, nicht aber des königlichen Rechtes gedacht ist.[5] Hier und dort war eben kein Grund, der Ge-

---

[1] Deutsche Päpste II. 357.

[2] Gregor VII. Bd. I. S. 633.

[3] Dagegen Hefele Conciliengeschichte IV. 843 ed II^a.

[4] Bonitho hat sie derselben Sinode zugeschrieben, auf welcher das von 113 Bischöfen bezeugte Wahldekret erlassen sei, das heisst dann: der Sinode vom April 1059, von welcher Nikolaus selbst mehrfach gesagt hat, dass ihr 113 Bischöfe angewohnt hätten. Aber im April 1059 hielt Nikolaus eben seine erste Sinode, und in unseren Beschlüssen heisst es: Quod in aliis conventibus nostris decrevimus.

[5] Ich komme auf die angeführten Schriftstücke im folgenden Abschnitt zurück.

sammtheit der Gläubigen oder auch bestimmten Kirchen, denen der Papst schreibt, vom Rechte des Königs Mittheilung zu machen. Noch viel leichter wiegt Anderes, was Höfler und Gfrörer für ihre Ansicht vorbringen. Zur Entkräftung genügt, dass Petrus Damiani in einer Schrift, die er unter Nikolaus Nachfolger verfasste, von dem Rechte des Königs als einer Thatsache redet, dass er dann zwar meint, die königliche Partei habe es verwirkt, indem sie sich desselben unwürdig gemacht habe, aber sogleich sich berichtigt: ecclesia perseverare cupit in munere, quod regio culmini liberaliter praerogavit.[1] Von einer Zurücknahme ist nirgends die Rede.

Das hat auch Will erkannt,[2] aber er spricht nun von Aenderung. Nach der kaiserlichen Fassung bezieht sich das fragliche Recht auf die noch schwebende Wahl: einige gut unterrichtete Autoren deuten dasselbe aber als Zustimmung zur schon vollzogenen Wahl. Diesen Widerspruch auszugleichen, greift Will zu der Annahme, der Papst habe das ursprünglich weiter gehende Recht später beschränkt. Man sieht wohl: was für uns erst zu beweisen wäre, nämlich die Echtheit der kaiserlichen Fassung, ist hier zum Ausgangspunkte der Vermuthung genommen. Als Will in einem folgenden Aufsatze nicht mehr für die kaiserliche Fassung eintrat,[3] sprach er auch nicht mehr von einer officiellen Beschränkung des königlichen Rechtes.

Welche Fassung auch die echte sein mag, — wäre betreffs des königlichen Rechtes eine Aenderung vorgenommen, so würde der Kardinal Damiani in der schon angeführten Schrift, die recht eigentlich den Befugnissen des Kaisers gewidmet ist, nicht mit Stillschweigen darüber hinweggegangen sein. Stets ist nur von Einem Concil, Einem Dekrete und Einem dem Kaiser gemachten Zugeständnisse die Rede. Der Imperialist, welcher da mit einem Papisten streitet, führt bittere Klage, dass bei der Wahl Alexanders II. zum Hohne Heinrichs IV. missachtet sei synodalis decreti pagina, quam

---

[1] Opera ed. Cajetani III. 65.

[2] Die Anfänge der Restauration der Kirche II. 212 ff.

[3] Forsch. z. dtsch. Gesch. IV. 538

cum concilii totius assensu beatus Nicolaus papa constituit, cui propriae manus articulum indidit, quam tot episcoporum venerandus celebrisque conventus subscriptione firmavit.[1] Wäre das Recht, über dessen Bruch der Imperialist klagt, nicht das ursprüngliche gewesen, vielmehr ein schon gemindertes, unzweifelhaft hätte er gesagt: zunächst habe Rom ein Zugeständniss gemacht, dann beschränkt und zuletzt nicht einmal in der Beschränkung geachtet. So klagt er nur über den Bruch des Rechtes; und der Papist erwidert, der deutsche Hof selbst habe sich des Privilegs beraubt, indem er alle Akte Nikolaus II. für null und nichtig erklärt habe. Und auch hier setzt der Imperialist nicht ein: es sei geschehen, weil die Kurie sich die willkürliche Aenderung eines schon verbrieften Rechtes erlaubt habe.[2] In einer späteren Zeit hat überdies der Kardinal Deusdedit erklärt,[3] Nikolaus würde sein Dekret wohl geändert haben, „wenn er die entgegenstehenden Meinungen der Väter gekannt und erwogen hätte". Also wusste Deusdedit Nichts von einer Aenderung.

Eher als mit Rücksicht auf das königliche Recht könnte man in anderer Richtung die Annahme einer Aenderung vertreten, und zwar eines Zusatzes. Dass Nikolaus II. in folgenden Akten den Inhalt seines Wahldekretes angiebt, dabei aber nicht jede Einzelheit hervorhebt, kann nicht Wunder nehmen; wohl aber dürfte es einen Augenblick stutzig machen, dass er eine Einzelheit auf das Wahldekret zurückführt, ohne dass wir dieselbe in unseren Texten fänden. Im Simonieverbote sagt Nikolaus, er bestätige seine früheren Beschlüsse, und nun folgen einige Paragraphen der Wahlordnung, aber auch der Satz, dass es gestattet sein solle, invasorem etiam cum anathemata et humano auxilio et studio a sede apostolica repellere. Derartiges ist nun im Wahldekrete selbst nicht ausgesprochen. Vom Anathem handelt der Papst in anderem Zusammenhange: auf den äusserlichen Gewaltmassregeln liegt

---

[1] Opera III. 62.

[2] Aehnlich Hergenröther Tübing. theol. Quartalschrift. 1865. S. 321.

[3] Contra invasores ap. Mai Patr. nova bibl. VII. c. 83.

der Ton. Hat man nun deswegen einen Zusatz zum Dekrete gemacht?

Bisher ist immer erzählt worden,[1] der Gegenpapst Benedikt habe sich auf demselben Conzil, auf welchem die Wahlordnung erlassen wurde, dem Nikolaus zu Füssen geworfen.[2] Nach unserem vornehmsten Gewährsmann aber, dem Annalisten von Rom, unternahm der Papst erst im Herbst 1059[3] jenen Zug gegen Galeria, der den letzten Zufluchtsort Benedikts zu Falle brachte und ihn selbst zur Abdankung nöthigte. Benedikt lebte nun eine Zeit lang bei seiner Mutter; dann aber liess ihn Hildebrand ergreifen und vor das Conzil schleppen, welches Nikolaus eben versammelt hatte. Offenbar ist es die Sinode vom April 1060,[4] auf welcher Benedikt,

---

[1] Giesebrecht Kaiserzeit III. 43 ed. IV.ª Hefele Conziliengesch. IV. 828 ed. II.ª

[2] Man folgte dabei Bonitho ap. Jaffé Bibl. rer. Germ. II. 642, auf dessen Chronologie aber nicht viel zu geben ist, wie er denn gerade an dieser Stelle den normanisch-päpstlichen Bund vom Juli 1059 der Sinode vom April 1059 vorausgehen lässt und die letztere mit der anderen, auf welcher das Simonieverbot erlassen wurde, zu einer und derselben zusammenschweisst. Auch beruft man sich auf Leo Cassin. III. 12; Leo aber erzählt nur, dass Nikolaus seinen Gegner gebannt und „endlich" wieder zu Gnaden aufgenommen habe. Die gleichfalls angeführte Vita Nicolai ap. Muratori SS. III.ᵇ 301 ist nur Paraphrase nach Bonitho.

[3] tempore messis. M. G. SS. V. 471. Giesebrecht Kaiserzeit III. 1065 ändert: tempore mensis und übersetzt S. 39: „in Monatsfrist". „In Monatsfrist" kann aber doch unmöglich tempore mensis heissen; man sagt dafür infra mensem, spatio unius mensis, nie tempore mensis; und was drängt Giesebrecht in eine kurze Spanne Zeit Alles zusammen! „24. Januar 1059 zieht Nikolaus in Rom ein; Benedikt flieht nach Galeria; Hildebrand reist nach Unteritalien, um mit den Normannen abzuschliessen; er erhält vom Grafen Richard eine Kriegsschaar; es folgen eine Reihe von Belagerungen und Eroberungen; nur Galeria behauptet sich; darauf kehren die Normannen nach Apulien zurück; „in Monatsfrist" stehen sie wieder im Gebiete von Rom; nun fällt Galeria; Benedikt ergiebt sich und kann ruhig 80 Tage in Rom verweilen; erst dann ergreift ihn Hildebrand und schleppt ihn Mitte April vors Conzil." Das ist doch eine Geschwindigkeit, die selbst in der Zeit des Dampfes überraschen müsste; natürlich ist sie nur Folge einer ganz verwerflichen Conjektur!

[4] Wir wissen von dieser Sinode sonst nur durch die Urkunde

seine Schuld gestehend, sich in den Staub erniedrigte, nicht schon vom April 1059.[1] Sollte nun damals nicht zur Sprache gekommen sein, dass Nikolaus nicht bloss den erwähnten, sondern schon einen früheren Zug gegen Galeria unternommen hatte,[2] dass das Oberhaupt der Kirche, welches die strenge, damals herrschende Richtung doch nur ungern an der Spitze eines Heeres sehen mochte, nur „humano auxilio et studio" über seinen Gegner triumphirt habe, dass Benedikt ohne die wilden, noch kurz vorher verfluchten Normannen, welche Nikolaus selbst zweimal ins Feld geführt hatte, wohl schwerlich sobald vom päpstlichen Stuhle verdrängt worden wäre? Mir erscheint es sehr glaublich, dass die Männer von Clünyschem Geiste, unter deren Einfluss Nikolaus stand, gerade damals für das humanum auxilium et studium, dessen man sich bedient hatte, eine Rechtfertigung suchten.[3] In dem

bei Zaccaria Badia di Leno 104, worauf Jaffé Reg. pont. S. 387 aufmerksam gemacht hat, und durch einen Brief des Kardinals Stephan bei Mansi Coll. conc. XIX. 928.

[1] Uebrigens ist es eben nur der römische Annalist, nach welchem die Unterwerfung Benedikts auf einer römischen Sinode erfolgte. Wenn man sich schon einmal der Darstellung Bonithos anschliesst, dann sollte man die Demüthigung Benedikts noch vor die Sinode vom April 1059 setzen. Nach Bonitho weilt der zum Papste erwählte Bischof von Florenz noch in Sutri, ist noch gar nicht bis Rom gelangt, da verzichtet Benedikt schon auf das Papstthum. Dann kommt Nikolaus mit dem Reichskanzler Wibert und dem Herzog Gottfried nach Rom; jetzt unterwirft sich Benedikt, und erst danach kehren der Reichskanzler und der Herzog heim. Beide haben längst vor der Sinode vom April 1059 Rom verlassen. So stehen Bonitho und der römische Annalist in allseitigem Widerspruch mit einander: eine Verbindung ihrer Angaben, wie Giesebrecht und Hefele sie beliebt haben, ist durchaus unstatthaft.

[2] Annal. Romani l. c.

[3] Bonitho erzählt, Nikolaus sei nach Rom gekommen sine aliqua congressione. Was er damit sagen wollte, scheint mir der Verfasser der Papstleben ap Muratori l. c. ganz richtig erfasst zu haben: non cum potentia, sed tanquam bonus et humilis pastor accessit. Dass Bonitho die Unterwerfung Benedikts in so friedlicher, harmloser Weise vor sich gehen lässt, möchte eine seiner Tendenzlügen sein. Man vergleiche den in diesem Zusammenhange sehr interessanten Paragraphen: Ut bellorum tumultibus se non inmisceat episcopus, den derselbe Bonitho seiner Decretaliensammlung eingefügt hat. Mai Nov. patr. biblioth. VII. c. 16.

Wahldekrete vom April 1059, das im Uebrigen wiederholt wurde, suchten sie vergebens. Da mag der erwähnte Satz eingeschoben sein; - ob nur in das Simonieverbot,[1] welches die Satzungen des Wahldekretes neu aufleben liess oder auch in dieses selbst? In die längst veröffentlichte Wahlordnung ein Sätzchen einzuschmuggeln, setzte eine Umschreibung voraus und bewirkte eine Ungleichheit mit den schon im Umlauf befindlichen Exemplaren; viel leichter war es, über die Beschlüsse vom April 1059 ein nicht ganz zutreffendes, weil etwas mehr enthaltendes Referat zu geben. Wie aber auch immer, — für uns hat eine etwaige Aenderung der bezeichneten Art keine grössere Bedeutung: nur eine Zurücknahme oder Minderung des königlichen Rechtes würde meine Forschung beeinflussen.

---

[1] Wenn die chronologische Bestimmung zutrifft, so haben wir nun ein festes Datum für das Simonieverbot. Dasselbe wiederholt quod in aliis conventibus nostris decrevimus. Vorausgegangen waren aber die Sinoden im Lateran, zu Benevent und Melfi.

DIE KARDINALBISCHÖFE ALS EIGENTLICHE WÄHLER.

Nach der päpstlichen Fassung ist also die sogenannte tractatio de electione das Vorrecht der Kardinalbischöfe. Worin bestand dieselbe? Für unsere nächste Aufgabe ist die Definition ohne Bedeutung; doch ich möchte nicht immer von einem Vorrechte als unbekannter Grösse reden; ich stelle die mir richtig erscheinende Ansicht über den Begriff der tractatio de electione an die Spitze, um mit der Prärogative der Kardinalbischöfe gleich eine bestimmte Vorstellung zu verbinden. Dabei erlaube ich mir zum Theil spätere Beweise vorauszusetzen, nämlich erstens, dass die von mir benutzte Fassung eines päpstlichen Rundschreibens die echte ist und zweitens, dass Petrus Damiani unseren Glauben verdient.

Zoepffel[1] hat den Begriff tractatio de electione als „eigentliche Wahl" bestimmt. Diese wäre also das den Kardinalbischöfen zugestandene Vorrecht; den Kardinalklerikern so gut, wie allen anderen Kategorien, wäre nur noch die Zustimmung geblieben. Weizsäcker[2] meint dagegen, die Befugniss der Kardinalbischöfe auf das „erste Wort" beschränken zu sollen: neben ihnen sei doch den Kardinalklerikern ein besonderes Wahlrecht eingeräumt worden. Wenn nämlich das Dekret fortfahre: mox sibi clericos cardinales adhibeant

[1] Papstwahlen 29 ff. Zu den dort gesammelten Beispielen aus späterer Zeit kann ich eines aus viel früherer hinzufügen. Leon. M. opera ed. Ballerini I. 681.

[2] a. a. O. 503 ff.

sicque reliquus clerus et populus ad consensum novae electionis accedant, so lasse der Wortlaut keinen Zweifel, dass den Kardinalklerikern noch etwas Anderes gebühre, als das accedere ad consensum, welches der Geistlichkeit und dem Volke zukomme. Dem gegenüber ist zu beachten, dass an einer späteren Stelle unseres Dekretes nur cardinales episcopi cum religiosis clericis et laicis genannt sind. Wichtiger ist das erwähnte Rundschreiben. Nikolaus berichtet über seine eigene Wahlordnung; und da nun übergeht er die Kardinalkleriker nicht minder, als an der zweiten Stelle des Dekretes selbst; ausdrücklich aber sagt er: electio Romani pontificis in potestate cardinalium episcoporum sit. Zu demselben Ergebniss führen Stellen in Werken des Petrus Diamani; er sagt von den Kardinalbischöfen: principaliter eligunt; der Kardinalkleriker gedenkt auch er mit keinem Worte; an zweiter Stelle fordert er für die Rechtmässigkeit der Wahl die Zustimmung der Geistlichen,[1] an dritter den Beifall des Volkes. Danach muss ich doch zu der Meinung Zoepffels zurückkehren, dass die tractatio de electione die „eigentliche Wahl“ sei.

Die Zustimmung der Uebrigen muss hinzukommen: die Wahl in weiterer Bedeutung ist erst abgeschlossen, wenn die Geistlichkeit, wozu die Kardinalkleriker gehören, und das Volk zugestimmt haben. In diesem Sinne ist mehrfach, wie bei Petrus Damianus, von drei Wahlfaktoren die Rede: neben den Kardinalbischöfen steht Geistlichkeit und Volk.[2]

Ueber wie manche Fragen, welche das Dekret betreffen, auch noch gestritten wurde, — darüber schien man einig zu sein, dass die Bestimmung des päpstlichen Tenors, welche den Kardinalbischöfen bei der Wahl ein Vorrecht einräumt, über jedem Zweifel erhaben sei, dass der entsprechende Paragraph der kaiserlichen Fassung, der den Kardinalbischöfen

[1] An einer Stelle unterscheidet er allerdings Senatus, worunter er namentlich die Kardinalkleriker versteht, vom clerus inferioris ordinis, aber er legt jenem kein höheres Wahlrecht bei, als diesem. Vgl. S. 63. Anm. 3.

[2] So kann denn auch natürlich bald tractatio, bald consensus, können bald beide zusammen gemeint sein, wenn von Wahl die Rede ist.

kein weiteres Recht zugesteht, als auch den Kardinalpriestern und Kardinaldiakonen, eine Fälschung sei. Aber eben dagegen hat nun Bernhardi vor Allem Widerspruch erhoben: er verwirft auch hier die päpstliche Fassung, er bestreitet, „dass Nikolaus II. das Recht, den Papst zu wählen, insofern allein auf die Kardinalbischöfe übertrug, als den Presbytern und Diakonen nur eine Zustimmung gelassen ward". Die kaiserliche Fassung, wonach allen Kardinälen gleiches Wahlrecht zuerkannt wird, soll durchaus der Wirklichkeit entsprechen.

Ich kann die Beweisführung Bernhardis nicht als richtig anerkennen, doch erscheinen mir seine Gründe durchaus eine Widerlegung zu verdienen. Zugleich hoffe ich auf einige neue, bisher nicht beachtete Momente hinweisen zu können.

I. Die päpstliche Fassung wird durch Nikolaus II. selbst bestätigt. Indem ich aus den betreffenden Akten die oft angeführten Sätze wiederhole, lasse ich die Worte und Wendungen, deren ich zur Widerlegung Bernhardis bedarf durch den Druck hervorheben.[1]

a) In seinem Rundschreiben vom Jahre 1059 sagt Nikolaus: electio Romani pontificis in potestate cardinalium episcoporum sit: ita ut si quis apostolicae sedi sine praemissa concordi et canonica electione[2] eorum ac deinde sequentium ordinum religiosorum clericorum et laicorum consensu inthronizatur, is non papa vel apostolicus, sed apostaticus habeatur.[3]

b) Durch ein späteres, gegen die Simonisten gerichtetes Dekret verfügt er: — si quis pecunia vel gratia humana

---

[1] Die genauere Vergleichung der Texte verdanke ich Herrn Dr. Luckenbach, der an meinen historischen Uebungen Theil nahm, als ich in denselben die hier erörterten Fragen besprechen liess.

[2] Hier möchte ich benedictione ergänzen, so nämlich heisst es in dem gleich zu erwähnenden Simonieverbote, aber auch in einer besonderen Ausfertigung des Rundschreibens, auf welche ich zurückkomme.

[3] Aus einem ihm von England zugekommenen Codex Surius Concilia omnia III. 599. Danach die späteren Conciliensammler, zuletzt Mansi Coll. conc. XIX. 897.

vel populari seu militari tumultu, sine concordi et canonica electione et benedictione cardinalium episcoporum ac deinde sequentium ordinum religiosorum clericorum [et laicorum consensu [1]] fuerit apostolicae sedi inthronizatus, non papa vel apostolicus sed apostaticus habeatur, liceatque cardinalibus episcopis, cum religiosis et deum timentibus clericis et laicis, etiam cum anathemate et humano auxilio et studio a sede apostolica repellere et quem dignum iudicaverint praeponere. Quod si hoc intra Urbem perficere nequiverint, nostra auctoritate apostolica extra Urbem congregati in loco, qui eis placuerit, eligant quem digniorem et utiliorem apostolicae sedi perspexerint, concessa ei auctoritate regendi et disponendi res ad utilitatem sanctae Romanae ecclesiae, secundum quod ei melius videbitur, iuxta qualitatem temporis, quasi iam omnino inthronizatus sit.[2]

Bessere Bestätigungen für das Vorrecht der Kardinalbischöfe kann man nicht wünschen, — vorausgesetzt, dass die entscheidenden Worte echt sind. Das eben bestreitet Bernhardi: indem er nachzuweisen versucht, dass in dem Rundschreiben und in dem Erlasse gegen die Simonisten die Beschränkung des Wahlrechtes auf die Kardinalbischöfe nur durch Interpolation entstanden, dass in der ursprünglichen Fassung allen Kardinälen gleiches Wahlrecht zuerkannt sei, nimmt er dem entsprechenden Paragraphen des Papstwahldekretes seine stärkste Stütze. Noch mehr: wenn einmal dargethan ist, dass in den Akten, die man bisher zur Bestätigung des päpstlichen Tenors heranzog, die „episcopi" gefälscht sind, dann scheint es selbstverständlich zu sein, dass auch im Dekrete selbst die Bischöfe nur durch Fälschung zu ihrem Vorrechte gelangten, dass ursprünglich die Wahl ohne Unterschied dem gesammten Kardinalcollegium übertragen

[1] et laicorum consensu scheint mir ergänzt werden zu müssen; es findet sich in dem Rundschreiben, und im Simonieverbote kann wegen des et benedictione, das sich doch oben nur auf die Bischöfe bezieht, zum Wenigsten consensu, erst recht nicht entbehrt werden.

[2] Aus der S. 55 Anm. 3 genannten Quelle Surius l. c. III. 600. Danach wieder die späteren Conciliensammler, zuletzt Mansi l. c. 899.

wurde, dass also die päpstliche Fassung unecht, die kaiserliche echt ist. Wie aber führt Bernhardi seinen Beweis?

a*) Für das Rundschreiben vom Jahre 1059 verweist er auf den abweichenden Wortlaut, in welchem der Kardinal Deusdedit dasselbe in seiner Canonensammlung mittheilt.[1] Ich füge gern hinzu, dass auch Anselm von Lucca, der Kardinal Gregor, endlich Gratian in gleicher Weise abweichen.[2] Alle bestätigen die kaiserliche Fassung. Nämlich: si quis apostolicae sedi sine concordi et canonica electione cardinalium eiusdem ac deinde sequentium clericorum religiosorum inthronizatur, non papa vel apostolicus, sed apostaticus habeatur.

b*) Dem Wortlaute des Dekretes gegen die Simonisten, wie er oben mitgetheilt ist, stellt Bernhardi die andere Fassung entgegen, die sich in den Sammlungen des Anselm von Lucca, des Deusdedit, des Kardinals Gregor, des Gratian und in einem Werke des Bonitho von Sutri findet.[3] Sachlich stimmen die genannten Autoren durchaus überein; sie erheben gewissermassen einen einstimmigen Protest gegen das Vorrecht der Bischöfe, bestätigen also die kaiserliche Fassung; in der Form zeigen sich nur sehr geringe Abweichungen: dieselben können für unsern Zweck nicht in Betracht kommen. Ich lege den Text des Deusdedit[4] zu Grunde: Si quis pecunia vel gratia humana aut populari seu militari tumultu sine concordi et canonica electione cardinalium et sequentium religiosorum clericorum fuerit apostolicae sedi inthronizatus,

---

[1] ed. Martinucci 101.

[2] Richter-Friedberg Corp. iur. canon. 276 Anm. 1. Danach ist Zoepffel Die Papstwahlen 110 zu berichtigen; ganz mit Unrecht bezeichnet er Deusdedit selbst als den Urheber des abweichenden Wortlautes, d. h. als den Fälscher: vor Deusdedit hat die nämliche Fassung schon Anselm überliefert. Ebenso ist es verkehrt, wenn Zoepffel S. 147 den Deusdedit auch als Vorfälscher des Simonieverbotes bezeichnet: S. 278 Anm. 60 ist von Richter-Friedberg bemerkt, dass die Fälschung in gleichem Wortlaute sich auch schon bei Anselm finde.

[3] Vgl. Richter-Friedberg l. c. 278 Anm. 60 ff. Nur Ivo Decret V. 80 stimmt mit der angeblichen Fälschung überein; danach ist Friedbergs Anm. 65 zu berichtigen.

[4] ed. Martinucci l. c.

nec apostolicus sed apostaticus habeatur. Liceatque cardinalibus cum deum timentibus clericis et laicis invasorem etiam anathemate et humano auxilio et studio a sede apostolica pellere et quem dignum iudicaverint reponere. Quod si hoc intra Urbem perficere nequiverint, auctoritate apostolica extra Urbem congregati in loco qui eis placuerit electionem faciant, concessa electo auctoritate regendi et disponendi res in utilitatem ecclesiae sanctae Romanae iuxta qualitatem temporis quasi iam inthronizatus sit.

Gerade die letztere Fassung hat auf Bernhardi einen besonderen Eindruck gemacht, vornehmlich weil er hier mehrere, von einander unabhängige Berichte vor sich zu haben glaubte. Von Gratian mag er wohl absehen, wenn er auch nicht ausdrücklich zugiebt, dass derselbe eine der anderen Sammlungen benützt habe; von Deusdedit räumt er ein, dass er das Werk Anselms gekannt haben könne, aber Deusdedit „war ein zu guter Canonist, um nicht den wahren Sachverhalt zu kennen". Des Kardinals Gregor geschieht überhaupt keine Erwähnung; was dann aber Bonitho angeht, so ist er „von Deusdedit unabhängig. · Auch er, der Bischof von Sutri, müsste zum Nachtheile der Bischöfe selbständig gefälscht haben!"

Es ist nicht abzusehen, wie Bonithos Unabhängigkeit von Deusdedit beweisen soll, dass er selbständig gefälscht haben müsse, wofern sein Text überhaupt unecht sei; und wenn Deusdedit auch den Sachverhalt wohl gekannt haben mag, — als Kardinalpresbyter hatte er gewiss ein lebhaftes Interesse, dem Texte Anselms zu folgen. Mit Bemerkungen, wie Bernhardi sie macht, lässt sich Nichts beweisen: es kommt auf eine genauere Vergleichung an, und da wird sich denn ergeben, dass Anselms, Deusdedits, Gregors, Bonithos und Gratians Text nur eine und dieselbe Handschrift darstellen.

Unsere fünf Autoren sagen: der Zuwiderhandelnde non apostolicus, sed apostaticus habeatur. Der Vergleich mit dem Dekrete selbst, dann mit dem Rundschreiben und zwar auch in der Fassung, in welcher es Deusdedit und die Anderen überlieferten, kann keinen Zweifel lassen, dass zu lesen ist non papa vel apostolicus. Sollen nun die fünf Autoren das

„papa vel“ selbständig bei Seite gelassen haben? Weiter: Anselm, Deusdedit, Gregor und Bonitho lesen: liceatque — quem dignum iudicaverint reponere;[1] offenbar ist praeponere zu lesen. Also etwa ein selbständiger Fehler der Vier? Gewiss nicht. Man wird vielmehr zugestehen, dass es sich nicht um fünf entgegenstehende Zeugnisse handelt, sondern nur um eins.

Die Frage, welche Fassung die echte sei, muss einstweilen offen bleiben. Immerhin ist ja die Ausrede gestattet, die Quelle der fünf Autoren sei eine sehr getrübte gewesen, während der Fälscher sein „episcoporum“ in einen sehr reinen Text eingeschoben habe, — in einen sehr reinen, denn ausser dem papa vel, dem praeponere findet sich noch Manches, das sicher keine Aenderung oder kein Zusatz des vermeintlichen Fälschers ist, so etwa deinde sequentium ordinum clericorum, dann quem digniorem et utiliorem apostolicae sedi perspexerint, oder secundum quod ei melius videbitur usw.

Wenn aber der Wortlaut des Simonieverbotes bei Anselm, Deusdedit, Gregor, Bonitho und Gratian in letzter Reihe auf eine und dieselbe Quelle zurückgeht, so gilt unzweifelhaft dasselbe in Betreff des Rundschreibens. So viele gemeinsame Fehler und Auslassungen, wie in der Mittheilung aus dem Verbote, können sich hier wegen der Kürze des Sätzchens natürlich nicht vorfinden. Doch vermisst man nicht bloss das episcoporum, worauf es ankommt, sondern auch wieder vor religiosorum das technische ordo, ebenso noch das et laicorum consensu. Sicher sind diese Ausdrücke nicht auch hineingefälscht, wie etwa episcoporum. Man sieht wohl, dass sich auch hier in dem Texte Anselms, Deusdedits, Gregors und Gratians nur Eine Ueberlieferung darstellt, zugleich, dass diese wieder viel unreiner war, als die andere, welcher der vermeintliche Fälscher folgte. Will Jemand abermals annehmen, der Fälscher sei in der glücklichen Lage gewesen, seine Aenderung an einem ziemlich fehlerfreien Texte vor-

[1] Vgl. Richter-Friedberg l. c. 278 Anm. 75. Bei Gratian ist der betreffende Satz ausgefallen.

nehmen zu können, während ein neidisches Geschick uns den echten Wortlaut allein in einer Verunstaltung überliefert habe?

Wie aber auch immer, — jedenfalls stehen jetzt nicht mehr je Fünf, bezüglich Vier gegen je Eins, sondern in beiden Fällen nur Eins gegen Eins. Es kommt darauf an, ob sich für die eine oder andere Fassung ein sicherer Beleg erbringen lässt, und zwar aus den Briefen Nikolaus II., auf welche sich einstweilen meine Ausführungen beschränken. Ein solcher findet sich thatsächlich: Bernhardi scheint das dritte Zeugniss Nikolaus II. für episcoporum ganz übersehen zu haben.

c) Wir haben eine besondere Ausfertigung des Rundschreibens für die Kirche von Amalfi: ut si quis apostolicae sedi sine concordia et canonica electione ac benedictione cardinalium episcoporum ac deinde sequentium ordinum religiosorum, clericorum [et laicorum consensu] intronizatur,[1] non papa vel apostolicus, [sed apostaticus] habeatur.[2] Also hätte der Fälscher nicht etwa mit dem Rundschreiben und dem Dekrete gegen die Simonisten genug gehabt, — er hätte das Rundschreiben mit seiner Interpolation in einer anderen Ausfertigung auch noch an eine bestimmte Kirche gerichtet!

Das scheint mir zu genügen. Einmal mochte man sich die Annahme gefallen lassen, dass uns der echte Gehalt in einer möglichst schlechten Form überliefert sei, indess der angeblich verfälschte Text, eben von dem verdächtigten Vorrechte der Kardinalbischöfe abgesehen, durchaus ursprünglich erschien. Zu der gleichen Annahme noch ein zweites Mal

---

[1] Ich habe auch hier et laicorum consensu ergänzt: es findet sich in jener Form des Rundschreibens, die einer bestimmten Adresse entbehrt, wenigstens consensu scheint mir in unserem Schreiben, gerade wie oben im Simonieverbote, wegen des et benedictione, das sich doch nur auf die Bischöfe bezieht, doppelt nothwendig zu sein. Vielleicht handelt es sich an beiden Stellen doch um eine absichtliche Auslassung: es kam eine Zeit, da man von einer Theilnahme der Laien eben Nichts mehr wissen wollte. Jedenfalls aber ist das Schreiben von Amalfi einer späteren Abschrift entnommen, nämlich einem Codex von Pistoja, den Mansi ins 12. Jahrhundert setzt.

[2] Mansi l. c. 907.

zu greifen, dieselbe sowohl auf Rundschreiben, wie auf Simonieverbot anzuwenden, wäre ein doch sehr gewagtes Unternehmen. Nun, da uns ein drittes Zeugniss aus der Feder Nikolaus' II. für das Vorrecht der Kardinalbischöfe vorliegt, das heisst für jene Fassung von Rundschreiben und Simonieverbot, welche zugleich den reinsten Text überliefert, so ist die Frage entschieden: echt ist der Wortlaut, wonach die Kardinalbischöfe an erster und ausschlaggebender Stelle wählen, mit anderen Worten: welcher dasselbe sagt, wie die päpstliche Fassung des Dekrets, die damit ihre Bestätigung erhält; unecht ist der Wortlaut von Rundschreiben und Simonieverbot, wonach die Wahl allen Kardinälen zu gleichem Rechte übertragen wird, unecht ist hier also auch die kaiserliche Fassung des Dekrets.

Die Fälschungen des Simonieverbotes und Rundschreibens, die in derselben Form dieselbe Sache betreffen, gehen offenbar auf Eine Quelle zurück; dieselbe Feder war es, welche beide Akte in gleichem Sinne umgestaltete: wie man nach dem Inhalte nicht wohl zweifeln kann, ward diese Feder, wenn nicht von einem Kardinal-Priester oder -Diakon selbst geführt, so doch beeinflusst.

Anderen Ursprungs ist die Fälschung des Papstwahldekretes: die kaiserliche Partei hat in der besprochenen Frage gleiche Interessen verfolgt, wie die Masse der Kardinäle, auch sie hat also eine Ausdehnung des Wahlrechtes auf das ganze Kardinalkollegium erstrebt.

II. Nicht bloss andere Akte aus der Feder Nikolaus II. bestätigen die päpstliche Fassung seines Papstwahldekretes, soweit es sich um das Vorrecht der Kardinalbischöfe handelt, sondern auch Aeusserungen von zwei wohlunterrichteten Zeitgenossen; ihre Aussage erhält dadurch noch einen ganz besonderen Werth, dass sie zum Beschlusse des Dekretes selbst mitgewirkt haben: man hat es meines Wissens bisher noch nie hervorgehoben, dass sie selbst als Zeugen unterzeichneten. Es sind Petrus Damiani und Desiderius von Montecassino, jener als Petrus Ostiensis episcopus, dieser als Desiderius cardinalis titulae sanctae Ceciliae. Wenn solche Männer das

Vorrecht der Kardinalbischöfe bestätigen, dann scheint doch jeder Zweifel beseitigt zu sein.

Oft angeführt sind die Worte, welche Petrus Damiani über die Wahl des rechtmässigen Papstes Alexander II. an den Gegenpapst Cadalus schreibt: Taceamus interim de senatu, de inferioris ordinis clero, de populo: quid tibi de cardinalibus videtur episcopis? qui videlicet et Romanum pontificem principaliter eligunt et quibusdam aliis praerogativis — patriarcharum atque primatum iura transcendunt. Weiter heisst es in demselben Briefe: cum electio illa per episcoporum cardinalium fieri debeat principale iudicium, secundo loco iure praebeat clerus assensum, tertio popularis favor attollat applausum etc.[1] Damit stimmt die Regel, welche Peter für die Papstwahl in seiner Disceptatio synodalis aufstellt: es solle Papst sein, quem cardinales episcopi unanimiter vocaverunt, quem clerus elegit, quem populus expetivit.[2]

Die Bedeutung dieser Stellen aufzuheben, macht Bernhardi geltend: Peter habe den Antheil der Kardinalbischöfe so sehr gesteigert „in dem selbstgefälligen Bewusstsein, dass sein kirchlicher Rang als Bischof und noch dazu als Kardinalbischof dem eines Presbyters und Diakonus weit voranstehe: er will sich, wie das überhaupt sein Bestreben ist, wichtig machen“. Das meint Bernhardi dann, — falls ich ihn recht verstehe, — durch Folgendes zu beweisen. a) In der Disceptatio synodalis, d. h. in einem Dialoge, welcher zwischen einem Vertheidiger der königlichen und einem der kirchlichen Rechte geführt wird, stelle Peter immer seine Person in den Vordergrund. Aber wer sagt denn, dass in dem übrigens gar nicht einmal oft wiederkehrenden me und mihi eben Petrus stecke? es ist der Romanae ecclesiae defensor, welcher das Wort führt. Gesetzt aber auch, Petrus selbst sei unter dem Vertheidiger zu denken, so kann ich aus dem Umstande, dass Petrus einmal eine Anschuldigung ganz persönlich auf sich bezieht und für seine Person zurückweist, doch unmöglich den Schluss ziehen, er habe „vorzugs-

---

[1] Epist. I. 20 ed. Cajetani I. 36. 40.

[2] ed. Cajetani III. 69.

weise die Bedeutung seiner Persönlichkeit als Kardinalbischof zur Geltung bringen wollen". b) Die Eitelkeit des frommen Mannes verrathe seine Unterschrift unter päpstlichen Bullen: Petrus dictus Ostiensis episcopus, Petrus peccator monachus; Bernhardi erinnert an das Loch im Mantel des Antisthenes. Man mag sich des klassischen Vergleiches freuen, aber Vergleiche sind keine Beweise. Ueberhaupt entsprechen solche Selbsterniedrigungen ganz dem Geiste der Zeit, wie sich denn etwa die Kaiserin Agnes nennt: non imperatrix, sed peccatrix, oder wie die Grossgräfin Mathilde nicht versäumt, ihren Titeln hinzuzufügen: si quid est.[1] Und endlich ist Damiani, wie Bernhardi ihn sich denkt, doch ein gar wunderlicher Antisthenes: hier erniedrigt er sich selbst bis in den Staub, während es vorhin hiess, er habe gleichsam mit lauter Stimme ganz unbegründete Ehrenvorrechte in Anspruch genommen. Das ist psychologisch nichts Anderes, als wenn man dem durchlöcherten Mantel einen sehr gut gepflegten Goldbesatz andichten wollte.[2] c) Um seine Bedeutung als Kardinalbischof möglichst zu heben, habe er die Kardinalpresbyter und -diakone sogar den Klerikern niederen Ranges zugezählt. Das beweise der Brief an Cadalus. Aber Jedermann sieht wohl, dass in den von Bernhardi angeführten Worten: Taceamus interim de senatu, de inferioris ordinis clero, de populo: quid tibi de cardinalibus videtur episcopis? die Kardinäle nicht den Geistlichen unterer Ordnung zugezählt werden, sondern der vorausgehenden Kategorie, zu welcher der niedere Klerus in Gegensatz gestellt ist, nämlich dem Senat, mit welchem Ausdrucke Petrus die höhere Geistlichkeit Roms, besonders die Kardinäle bezeichnet.[3]

---

[1] Die Urkunde Leos IX. Gallia christ. XII. 427 unterzeichnen vier Kardinalbischöfe, jeder mit dem Zusatze: peccator.

[2] Petrus tritt einfach für die Rechte seines Standes ein; persönliche Bescheidenheit ist damit recht wohl zu vereinen.

[3] Allerdings sagt auch Zoepffel 140: „Der clerus inferioris ordinis umfasst an unserer Stelle den ganzen Klerus mit Ausschluss der von Petrus Damiani besonders genannten cardinales episcopi" und unter dem Senate versteht er Seite 164 den Senat als politische und administrative Körperschaft. Offenbar ist Zoepffel das lehrreiche Kapitel

Noch durch einen anderen Grund sucht Bernhardi die Bedeutung jener Stellen, in welchen Damiani vom Vorrechte der Kardinalbischöfe redet, zu Nichte zu machen. Er weist darauf hin, dass Damiani in dem angeführten Dialoge auch wohl schlechthin sage, das römische Volk oder die römische Kirche wähle, und so habe er denn „ebenso häufig an die Stelle der Bischöfe das römische Volk, die römische Kirche gesetzt". Daran hat Petrus nicht gedacht: nicht an Stelle der Bischöfe setzt er Volk oder Kirche, sondern Volk oder Kirche ist ihm die Summe der Wahlfaktoren, also die Kardinalbischöfe, dann der geistliche Senat, weiter der niedere Klerus, endlich das Volk als Laienschaft. Ganz unbegreiflich ist mir, wie eine derartige Zusammenfassung die vorausgegangene Spezifizirung entwerthen solle, wie man danach auf Damianis „Hervorhebung der Kardinalbischöfe nicht ein Gewicht im kirchenrechtlichen Sinne legen dürfe".

Damiani streitet mit einem Vertheidiger der kaiserlichen Ansprüche, er schreibt an den Papst von Kaisers Gnaden: da redet man nicht in den Tag hinein; — die Lage des Schreibenden scheint mir den Werth seiner Worte in ähnlicher Weise zu erhöhen, wie seine Zeugenschaft im Papst-

---

in Hegels Gesch. der ital. Städteverf. I. 267 ff. entgangen. Da wird gezeigt, dass man unter Senat gewöhnlich die geistlichen und weltlichen Grossen verstand. Nun aber wird Niemand glauben, dass ein Mann, wie Petrus Damiani, in diesem Zusammenhange den Adel der Stadt den Würdenträgern der Kirche gleichgestellt habe. Senatoren müssen ihm vielmehr ausschliesslich die hohen Geistlichen sein. Das scheint doch auch das gleich folgende de inferioris ordinis clero anzudeuten; es bildet einen Gegensatz zu dem vorausgehenden Senate, der danach nur Prälaten umfasst. Endlich redet Petrus selbst einmal von apostolici senatus culmine. Opera ed. Cajetani III. 59. Ich kann noch hinzufügen, dass auch Wido von Ferrara das Wort Senat offenbar für die höhere Geistlichkeit gebraucht. Nach ihm ist nämlich Hildebrand gewählt worden clero et populo omni, senatu pariter collecto, und gleich darauf unterscheidet er die drei Kategorien Klerus, Volk und Senat in folgender Weise: a clero eligitur, a populo expetitur, episcoporum et sacerdotum omnium suffragio confirmatur. MG. SS. XII. 154. Sogar in Deutschland findet sich der Ausdruck Senat auf die hohe Geistlichkeit angewandt: huius sancti cleri senatus Vita Brunonis. SS. IV. 416.

wahldekret, die neben seiner Stellung als Kardinal von besonderer Wichtigkeit ist.

Indem Petrus die Normen einer rechtmässigen Wahl entwickelt, hat er auf das Dekret selbst keine Rücksicht genommen, und mit ausdrücklichen Worten hat auch unser zweiter Zeuge das Vorrecht der Kardinalbischöfe nicht auf den Erlass Nikolaus II. zurückgeführt. Aber ihm hat derselbe eben während des Schreibens vorgelegen: es ist eine interessante Wahrnehmung Bernhardis,[1] dass Papst Victor III., der als Kardinal Desiderius das Dekret unterzeichnet hatte, da er nun selbst auf den päpstlichen Stuhl erhoben war, in einem Schreiben an die Christenheit, welcher er seine Wahl anzeigt, den langen Satz der Einleitung: Novit dilectio vestra bis zu den Worten in naufragii profunda submergi, von ganz geringen Aenderungen abgesehen, dem Papstwahldekrete entlehnt. Auf ihm also fusst er offenbar, wenn er in demselben Schreiben die Wahl des neuen Gegenpapstes Clemens III. verwirft, weil sie geschehen sei nullo cardinalium episcoporum praecedente iudicio, nullo Romani cleri approbante suffragio, nullo devoti populi fervore adhibito.[2]

Freilich sagt nun Bernhardi, in den Worten Victors III. läge ein ganz anderer Sinn, wie in der fraglichen Bestimmung des päpstlichen Tenors, und wenigstens in seinem Briefe an Cadalus stimme mit Victor auch Petrus Damiani überein: ihn hat er also vorhin eigentlich nur wegen seiner Aeusserung in der Disceptatio synodalis so eifrig angegriffen. Wenn Peter an Cadalus schreibe: electio illa per episcoporum cardinalium fieri debeat principale iudicium; wenn Victor III. klage, dass Wibert erhoben sei nullo cardinalium episcoporum praecedente iudicio, so sei damit keineswegs die Forderung des Dekrets bestätigt: inprimis cardinales episcopi diligentissima consideratione tractantes etc. Hier sei den Kardinalbischöfen die Wahl übertragen, den Kardinalklerikern nur die Zustimmung gewahrt; dort sei schon ein Kandidat auf-

[1] a. a. O. 406 oben. Uebrigens hatte auch schon Philipps Kirchenrecht V. 795 Anm. 16 darauf aufmerksam gemacht.

[2] Petrus Cassin. III. 72.

gestellt, und ihn zu verwerfen oder anzuerkennen, — darin allein bestünde das Recht der Kardinalbischöfe.

In einer späteren Zeit hat man den Kardinalbischöfen allerdings kein weiteres Recht einräumen wollen, als den schon gewählten Papst zu bestätigen oder zu verwerfen. Aber es blieb bei der Forderung; und nun für unsere Zeit gar als rechtskräftige Norm aufzustellen, was nachher doch nur der fromme Wunsch einer Partei war, dazu finde ich weder in den angeführten Worten Peters und Victors einen Grund, noch in anderen Umständen. 1) Von einer Entscheidung über den Gewählten, welche das einzige Recht der Kardinalbischöfe gewesen wäre, weiss auch die kaiserliche Fassung Nichts; und bei keiner Wahl lässt sich nachweisen, dass man die Kardinalbischöfe auf Anerkennung oder Verwerfung beschränkt hätte: bis zu einer bestimmten Zeit, wie wir sehen werden, sind sie durchaus die Wähler. 2) Wenn Victor den Wibert verwirft, weil er nullo cardinalium episcoporum praecedente judicio auf den päpstlichen Stuhl erhoben sei, so meint er offenbar, weil Wibert nicht von den Kardinalbischöfen gewählt sei, denn er würde die Forderung einer Wahl überhaupt aufgegeben haben, wenn er sie nicht mit dem principale judicium bezeichnet hat: er erwähnt ja weiter nur noch: cleri approbante suffragio,[1] populi fervore, d. h. unter Zustimmung des Klerus und der Gunst des Volkes. Was dann Petrus angeht, so bezeichnet er das judicium der Kardinalschöfe ausdrücklich als den ersten Theil der Wahl, sagt dann von ihnen noch bestimmt genug: eligunt. Mithin kann man gar nicht zweifeln, dass das judicium der Kardinalbischöfe, sowohl bei Petrus als Victor, recht eigentlich „Wahl" bedeute.

---

[1] Das hat Bernhardi, im Anschlusse an den klassischen Sprachgebrauch mit Abstimmung übersetzt; es heisst im Mittelalter aber regelmässig: Zustimmung. Den Begriff „Zustimmung" verlangt ja in den angeführten Worten auch schon das hinzugefügte approbante. Dass bei suffragium aber keinenfalls an Abstimmung im Sinne von „Wahl" zu denken ist, sieht man z. B. an der schon erwähnten Stelle des Wido von Ferrara: a clero e l e g i t u r, a populo expetitur, episcoporum et sacerdotum omnium s u f f r a g i o c o n f i r m a t u r.

III. Man hat wohl gemeint, die Kardinalpriester und -diakone hätten zur Zeit eine viel zu angesehene, gesicherte Stellung eingenommen, als dass eine Bevorzugung der Kardinalbischöfe, wie sie in unserem Dekrete ausgesprochen ist, überhaupt noch denkbar gewesen sei.[1] Wenn sich diese Ansicht als unrichtig erweisen lässt, wenn wir darüber hinaus sogar zeigen könnten, dass gerade unter Nikolaus II. die Kardinalbischöfe einen Alles überragenden Einfluss ausübten, dass die übrigen Kardinäle dagegen völlig zurücktraten; so ist nicht nur der Einwand gegen das durch Nikolaus bestimmte Vorrecht der Kardinalbischöfe entkräftet, sondern letzteres erhält vielmehr noch eine besondere Stütze. Alsdann erscheint der betreffende Paragraph des Dekretes fest in den gegebenen Verhältnissen zu wurzeln oder auch: er bringt eine historische Entwicklung zu vollem Abschluss. Das aber scheint mir durchaus der Fall zu sein.

Hefele hat neulich geglaubt,[2] in dem fraglichen Punkte sei eigentlich nichts Neues beschlossen worden. Schon seit 816 stehe fest, im Jahre 898[3] sei noch bestätigt worden: „Der Papst solle künftig von den (Kardinal-) Bischöfen und dem gesammten Klerus in Anwesenheit des Senates und Volkes gewählt werden". Aber einmal ist damit kein Vorrecht der Bischöfe ausgesprochen, dann kann ich die Ergänzung: „(Kardinal-) Bischöfe" nicht für richtig halten. Auch sonst wird noch mehrfach der Theilnahme von Bischöfen gedacht, aber gerade wie in den Bestimmungen von 816 und 898 werden dieselben immer nur als Bischöfe schlechtweg, nie als Kardinalbischöfe bezeichnet: gewiss mit Recht hat Hinschius auf Grund dieser Thatsache bemerkt,[4] es könne keinem Zweifel unterliegen, „dass auch die Bischöfe der Rom

---

[1] So namentlich Usinger in den Gött. Gel. Anz. 1870 S. 133. Dagegen wendet sich Hinschius Kirchenrecht I. 636.

[2] Theolog Quartalschrift 1878 S. 276, vgl. S. 268.

[3] Ueber die meines Erachtens doch keineswegs werthlose Ausführung von Hinschius a. a. O. 231, dass nämlich das Dekret von 816 auf Grund des Dekretes von 898 erdichtet sei, ist Hefele stillschweigend hinweggegangen.

[4] a. a. O. 237.

zunächst gelegenen Diöcesen an der Wahl theilgenommen haben". Bei der Wahl Stephans VI. werden denn auch unter den Wählern nicht weniger als 30 Bischöfe genannt, während es doch nur 7 Kardinalbischöfe gab.

Allerdings liessen sich nun die Worte, deren sich Nikolaus bedient, da er den Kardinalbischöfen die ausschlaggebende Stimme zuerkennt: „instructi praedecessorum nostrorum aliorumque sanctorum patrum auctoritate", mit Hefeles Deutung recht gut in Einklang setzen; aber nach dem Gesagten scheint mir doch kein genügender Grund, das höchste Vorrecht der Kardinalbischöfe, als welches die ihnen bewilligte tractatio de eligendo pontifice gelten muss, schon auf ältere Zeiten zurückzuführen, als die Nikolaus II.[1]

Wenn von dieser Seite bis dahin keine Bevorzugung der Kardinalbischöfe nachzuweisen ist, so sehen wir sie von der anderen sogar benachtheiligt: es ist bekannt genug, dass sie nach dem Grundsatze, kein Bischof solle von seinem Sitze zu einem anderen übergehen, auch nicht auf den bischöflichen Stuhl von Rom gelangen konnten.[2] So bestand die Theorie, wie oft sie auch von der Praxis durchlöchert worden. Es war ein Nachtheil für die Kardinalbischöfe, nur muss man hinzufügen: ein Nachtheil, der aus ihrer überlegenen Stellung als Bischöfe mit Nothwendigkeit sich ergab.

Dem gegenüber betrachten wir nun die Vorrechte, deren sich die Kardinalbischöfe längst erfreuten. Nur ihnen war gestattet, nach vorgeschriebenem Turnus im Lateran die Messe zu lesen: sie erschienen damit in der päpstlichen Kirche als

---

[1] Unter den Ausnahmen, welche nach Bernhardi S. 405 die Regel bestätigen sollen, verweist er auch auf die Wahl Benedikts X., an dessen Stelle eben Nikolaus II. gewählt wurde. Aber in den Worten, welche er aus einem Briefe Damianis anführt, ist von keinem Vorrechte der Kardinalbischöfe bei der Wahl, sondern bei der sog. Inthronisation die Rede: nobis omnibus eiusdem urbis episcopis reclamantibus etc. inthronizatus etc. Dass Inthronisation aber nicht Wahl, auch nicht irgend ein Akt der Wahl sei, hat schon Zoepffel Die Papstwahlen 73. 233 ff. gezeigt.

[2] Zoepffel a. a. O. 40. 41.

die einzig berechtigten Vertreter des Papstes.[1] Wenn auch noch nicht, wie Damiani sagt, das „vornehmste Urtheil“ bei der Wahl, so stand ihnen doch längst zu, einmal den Papst zu weihen,[2] dann mit der Inthronisation, mit der Erhebung des Papstes auf jenen Stuhl, den schon Petrus eingenommen haben soll, all den Feierlichkeiten, ohne die ein rechtmässiges Papstthum nicht denkbar war, ihren Abschluss zu geben:[3] erst von diesem Augenblicke an konnte der Gewählte wahrhaft als Papst gelten, als solcher handeln. Ferner war es ihres Amtes, den Papst bei Krönung und Salbung des Kaisers zu unterstützen.[4] Ohne ihre Zustimmung endlich konnte der Papst kein Pallium verleihen, den Schmuck der Erzbischöfe.[5] Ich glaube durchaus nicht, dass Damiani übertreibt, wenn er

---

[1] (Ecclesia Lateranensis) septem cardinales habet episcopos, quibus solis post apostolicum sacrosanctum illud altare licet accedere ac divini cultus mysterium celebrare. Petri Damiani epist. II. 1 ed. Cajetani I. 53.

[2] In einem später noch zu besprechenden Abschnitte der päpstlichen Fassung heisst es: (cardinales episcopi) electum antistitem ad apostolicis culminis apicem provehunt. Aehnlich das Simonieverbot: electione et benedictione card. ep. Den nächstfolgenden, als Rechtsnorm gefassten Beleg bietet die Vita Gelasii II. ap. Watterich II. 95. In ältester Zeit war die Weihe ein Vorrecht der Kardinalbischöfe von Albano, Ostia und Porto; aber wie die Urkunde bei Ughelli Italia sacra ed. Coleti I. 106 zeigt, wurde schon in der ersten Hälfte des 11. Jahrhunderts wenigstens auch der Kardinalbischof von Silva Candida herangezogen. Die oben angeführten Stellen des Papstwahldekretes, des Simonieverbotes und der Lebensbeschreibung Gelasius II. lassen dann alle Kardinalbischöfe an der Weihe betheiligt erscheinen.

[3] Vgl. darüber Zoepffel a. a. O. 73. 74.

[4] Nach den bekannten Formeln für die Kaiserkrönung ist es allerdings nur der Bischof von Ostia, der den Kaiser weiht. Dagegen heisst es in der Urkunde für den Kardinalbischof von Silva Candida — vgl. Anm. 2 — ad ungendum et consecrandum imperatorem primum vestram vestrorumque successorum episcoporum fraternitatem convocamus; und nach einer Notiz aus dem 12. Jahrhundert, auf welche Waitz Die Formeln der deutschen Königs- und römischen Kaiserkrönung S. 59 aufmerksam macht, de antiqua consuetudine Romanorum imperator a dominis episcopis cardinalibus benedicitur et ungitur.

[5] Das folgert Zoepffel a. a. O. 104 aus Petrus Damiani epist. VII. 4 ed. Cajetani I. 247.

sie die sieben Lichter des Kandelabers nennt „in quorum medio Jesu“, wenn er von ihren mannigfachen Vorrechten redet: non modo quorumlibet episcoporum, sed et patriarcharum atque primatum iura transcendunt.[1]

Gerade unter Nikolaus II. stehen die übrigen Kardinäle weit hinter den Kardinalbischöfen zurück; er hat die letzteren sichtlich den ersteren vorgezogen. So schreibt er etwa an den Erzbischof von Reims: Salutant te carissimi fratres nostri, cardinales episcopi, nec non humilitas carissimi filii nostri Hildebrandi;[2] von den übrigen Kardinälen ist nicht die Rede. Zu demselben Ergebniss führen die Unterschriften der Urkunden. Allerdings, in dem Papstwahldekrete selbst sind verhältnissmässig viele Kardinalpriester und -diakonen genannt; dafür wird aber auch hier die Wahl ganz der römischen Kirche übertragen: nach den cardinales episcopi sollen fortan zunächst die cardinales clerici in Betracht kommen. Und doch zählt man im Ganzen nur sieben Kardinalpriester und -diakonen neben fünf Kardinalbischöfen. In den übrigen Urkunden aber finden sich entweder gar keine oder verschwindend wenige Priester und Diakonen. So haben wir eine Akte von derselben römischen Synode, auf welcher das Papstwahldekret erlassen wurde: dieselben fünf Kardinalbischöfe sind als anwesend genannt, daneben wohl noch Erzbischöfe und Bischöfe, nicht aber die übrigen Kardinäle.[3] Ebenso finden sich in einer Urkunde von 1060 fünf Kardinalbischöfe,[4] keine Priester und Diakonen; ein anderes Mal erscheinen neben fünf Kardinalbischöfen zwei Kardinalpriester,[5] oder auf vier Kardinalbischöfe kommt ein Kardinalpriester.[6] Das Zahlenverhältniss ist aber um so bezeichnender, als es ja nur sieben Kardinalbischöfe und eine Menge von Kardinalpriestern und -diakonen gab.

---

[1] Petri Damiani epist. II. 1 ed. Cajetani I. 36.

[2] Mansi Coll. conc. XIX. 860.

[3] Mansi l. c. 917.

[4] Mansi l. c. 870.

[5] Lami Mon. eccl. Florent. II. 946.

[6] Lami l. c. 934. Ebenso in einer anderen Urkunde bei Mittarelli Annal. Camald. II. 173.

So kann das Wort, welches der Kardinalpriester Deusdedit zu Ende des 11. Jahrhunderts schrieb: eosdem esse presbyteros, quos episcopos,[1] für die Mitte desselben durchaus nicht gelten. Besonders aber zur Zeit Nikolaus II. überragen die Kardinalbischöfe die übrigen Kardinäle so sehr, dass deren kaum der eine und andere neben ihnen genannt wird. Das zugegeben, erscheint es nicht mehr bedenklich, passt es vielmehr vortrefflich in die ganze Entwicklung, dass den Kardinalbischöfen nicht bloss, wie aus beiden Fassungen des Dekrets hervorgeht, das passive Wahlrecht, welches ihnen bisher eben als Bischöfen gefehlt hatte, nunmehr zuerkannt wurde, sondern auch jenes als tractatio de electione bezeichnete Vorrecht, von welchem nur die päpstliche Fassung weiss.

IV. Bis dahin stand also den Kardinalbischöfen bei der Wahl kein Vorrecht zu. Wenn ihre Stimme dennoch über die Erhebung Nikolaus II. entschieden hätte, so würde man nicht bloss die ausserordentliche Bedeutung, welche sie während der Regierung desselben vor den Kardinalklerikern hatten, als die Folge des schon auf seine Wahl ausgeübten Einflusses betrachten dürfen, — was hier das Wichtigere ist: man würde auch erst recht begreifen, weshalb Nikolaus einen Wahlmodus, in welchem die Kardinalbischöfe den Ausschlag gaben, gegen Geschichte und bisheriges Recht zum Gesetze machte. Noch mehr: wenn die Kardinalbischöfe schon die Wahl Nikolaus bestimmt hätten, so wäre die Annahme berechtigt, er habe einem Vorgange, der in den Kanones keinerlei Begründung hatte, doch eine rechtliche Stütze verleihen wollen, denn die Worte instructi praedecessorum nostrorum aliorumque patrum auctoritate, die mit Bezug auf das Vorrecht der Kardinalbischöfe eine Unwahrheit sind, sollen dasselbe ebenso gut, wie alles Andere, als etwas Altes erscheinen lassen.[2] So würde eine Wahl Nikolaus II., welche gegen die

---

[1] Vgl. Bernhardi a. a. O. 404.

[2] Gerade so verhält es sich mit der Bestimmung, dass die Wahl nicht an Rom gebunden sein solle. Bekanntlich war Nikolaus in Siena gewählt. Apologetischen Charakters ist ferner, dass auch ein Nichtrömer gewählt werden könne.

bisher geltenden Normen vornehmlich durch die Kardinalbischöfe erfolgt wäre, in unserem Gesetze eine nachträgliche Rechtfertigung erfahren. Durchaus unverständlich aber ist, wie ein Papst, bei dessen Erhebung die Kardinalbischöfe ein ganz ungesetzliches Uebergewicht ausgeübt hätten, dennoch in einem Dekrete, von welchem zudem behauptet wird, dass es den alten Satzungen entspräche, die Wahl dem gesammten Kardinalcollegium übertragen haben sollte. Um es anders auszudrücken: ist Nikolaus II. wesentlich von Kardinalbischöfen gewählt worden, dann wird man einerseits über die nunmehrige Festsetzung eines Wahlvorrechtes derselben, wie es eben in der päpstlichen Fassung ausgesprochen ist, sich in keiner Weise noch wundern können, dann muss man anderseits zwischen der ungesetzlichen, weil wesentlich von den Kardinalbischöfen vorgenommenen Wahl des Papstes und der Bestimmung des kaiserlichen Tenors, dass alle Kardinäle gleiches Recht haben sollten, einen psychologischen Widerspruch verzeichnen.

Der Beweis aber, dass Nikolaus wesentlich von den Kardinalbischöfen gewählt wurde, ist nicht schwer zu erbringen. Der Afterpapst Benedikt X. sei gewählt, schreibt Petrus Damiani: nobis episcopis cardinalibus per diversa latibula fugientibus.[1] Dann erzählt Bonizo von Sutri: Hildebrandus cum cardinalibus episcopis et levitis et sacerdotibus Senam conveniens elegit sibi Gerardum Florentiae civitatis episcopum.[2] Man sieht, wie die geflohenen Kardinalbischöfe sich gesammelt haben und nun unter Hildebrands Leitung die eigentlichen Wähler sind. Von den Kardinalklerikern ist keine Rede, und die Leviten und Geistlichen, die Bonizo noch nennt, können den Kardinalbischöfen gegenüber doch keine selbständige Bedeutung gehabt haben. Noch mag erwähnt werden, dass Benzo von Alba neben Hildebrand als eigentlichste Wähler die Kardinalbischöfe von Albano und

---

[1] Epp. III. 4. Danach Petrus Cassin. II. 99, welcher aber statt der Kardinalbischöfe allgemein die Kardinäle nennt. Aus demselben Briefe ist auch II. 98 entlehnt.

[2] ap. Jaffé Bibl. rer. Germ. II. 642.

Lavikano bezeichnet;[1] die übrigen lernen wir aus einer interessanten, erst soeben veröffentlichten Urkunde kennen: danach befinden sich in der Umgebung des unmittelbar vorher zum Papste erwählten Bischofs Gerhard von Florenz fünf Kardinalbischöfe;[2] kein Kardinalkleriker ist genannt.

So haben wir denn die beste Uebereinstimmung zwischen der Art, in welcher Nikolaus gewählt ist, und der Verordnung des päpstlichen Tenors, dass die Kardinalbischöfe die entscheidende Stimme führen sollten; aber mit der kaiserlichen Fassung, die kein Wahlvorrecht der Kardinalbischöfe kennt, ist die Wahl Nikolaus II. nicht zu vereinen.

V. Gegen die Echtheit der päpstlichen Fassung ist oft eingewandt worden, dass bei keiner späteren Papstwahl das angebliche Vorrecht der Kardinalbischöfe zur Ausübung gekommen sei. So fragt denn auch Bernhardi: „Wenn die Kardinalbischöfe ein solches Privileg besassen, woher kommt es, dass niemals eine Papstwahl diesen Bestimmungen gemäss vollzogen ist, dass niemals die Kardinalbischöfe ihre Prärogative geltend gemacht haben?“ Die Frage enthält eben eine unrichtige Annahme; die Kardinalbischöfe haben ihr Vorrecht ausgeübt.

Betreffs des ersten Nachfolgers Nikolaus II., betreffs Alexanders II., hat Bernhardi bemerkt, dass die Zeitgenossen

---

[1] Prandellus autem, non immemor suae factionis, cum praenominatis Sarabaitis, qui erant socii sui simulationis, congressus est Senas, ubi cum Beatrice nescientibus Romanis erexit alterum idolum (sc. Nicolauum). Benzo VII 2. M. G. SS. XI. 671. Vorhin heissen die Gesandten, welche vor der Erhebung Leos IX. nach Deutschland geschickt wurden, nämlich Hildebrand, Humbert und Bonifaz, auch die Sarabaiten. Da bei der Wahl Nikolaus II. nun Hildebrand selbst handelt, so können unter „den vorgenannten Sarabaiten“ nur Bonifaz und Humbert gemeint sein. Sie aber sind offenbar die Kardinalbischöfe Bonifaz von Albano und Humbert von Silva Candida. Beide nennt Petrus Damiani Epp. I. 7: „die Augen des Nikolaus“. Das entspricht ihren Verdiensten um seine Erhebung.

[2] Neues Archiv f. ält. deutsche Geschichtsk. IV. 402. Nikolaus selbst unterzeichnet: Ego Gerardus episcopus ad apostolicam sedem electus.

seine Wahl den Normannen und einigen Römern oder auch dem Klerus und Volk von Rom oder endlich dem Archidiakon Hildebrand zuschreiben.[1] „Keiner der Berichte, auch nicht Benzo und die Annalen von Altaich wissen etwas von der Wahl durch die Kardinalbischöfe.“ Ich füge hinzu: weil keiner die einzelnen Momente der Wahl unterscheidet, weil jeder zusammenfasst: als Summe der Wahlfaktoren haben ja aber noch immer Klerus und Volk zu gelten. Was Hildebrand und die Normannen angeht, so verdient deren Erwähnung vom kirchenrechtlichen Gesichtspunkte gar keine Beleuchtung. Doch es bedarf eines positiven Zeugnisses, dass die Kardinalbischöfe bei der Wahl Alexanders ihr bestrittenes Vorrecht ausgeübt haben; und da haben wir allerdings nur den Bericht des Damiani. Dieser aber wiegt alle anderen Angaben auf: er rührt von einem Kardinal, er ist genau, in ihm sind die einzelnen Akte der Wahl scharf unterschieden. Gerade wie später Victor III. seinem Gegenpapste, so macht Damiani dem Gegenpapste Alexanders II. zum Vorwurfe, dass ihm gefehlt habe 1) principale judicium cardinalium episcoporum, 2) cleri assensus, 3) popularis favor.[2] Die drei genannten Faktoren müssen also bei der Wahl Alexanders II. zusammengewirkt haben. An einer anderen Stelle sagt Damiani denn auch ausdrücklich, dass seinen Papst cardinales episcopi vocaverunt, clerus elegit, populus expetivit.[3] Ueber solche Zeugnisse kann das Schweigen fernstehender, nicht der Kurie angehörender, überdies auch nicht im Einzelnen unterscheidender Autoren ebensowenig hinweghelfen, als die von Bernhardi angenommene, noch sehr des Nachweises bedürfende Geschwätzigkeit und Eitelkeit Damianis.

Von Alexanders Nachfolger Gregor VII. kann man kaum sagen, dass er gewählt sei; vielmehr war es ein stürmischer Zuruf, der ihn auf den Stuhl Petri erhob. Nach einem uns erhaltenen Wahlprotokoll geben den Ausschlag cardinalis clerici, nämlich acoliti, subdiaconi, diaconi, pres-

---

[1] a. a. O.

[2] Epist. I. 20 ed. Cajetani I. 36.

[3] Disceptatio synodalis ed. Cajetani III. 69.

byteri; die Kardinalbischöfe werden nicht genannt; es heisst nur, die Kardinalkleriker hätten gewählt praesentibus venerabilibus episcopis et abbatibus: also die Kardinalbischöfe werden den gewöhnlichen, etwa der Wahl beiwohnenden Bischöfen zugezählt und den Aebten ziemlich gleichgestellt, überdies aber nicht als Wähler, sondern nur als Anwesende bezeichnet.[1] Man hat darin eine Reaktion gegen das Vorrecht der Kardinalbischöfe gefunden;[2] und jedenfalls lag sie in der Absicht Derer, welche das Protokoll abfassten. Ob dieses aber in jeder Weise dem Vorgang entsprach? Ich will doch darauf hinweisen, dass wenigstens von Bonitho die Kardinalbischöfe an erster Stelle aufgeführt werden: Cumque cardinales episcopi sacerdotesque et levitae et sequentis ordinis clerici conclamassent, ut mos est: „Gregorium papam sanctus Petrus elegit", (Hildebrandus) continuo a populo trahitur etc.[3]

Die bei Gregors Wahl beabsichtigte oder vielleicht auch durchgeführte Reaktion soll von dem neuen Papste selbst be günstigt worden sein. Ein leider sehr unzuverlässiger Zeuge, der Kardinal Beno, für dessen Angabe ich keinerlei Stützen finde,[4] erzählt von einem heftigen Streite zwischen Gregor und den Kardinalbischöfen; der Gegensatz habe sich dahin zugespitzt, quod episcopos a colloquio cardinalium vellet separare; dann habe er sie nach Leistung des Eides, nie zu Heinrich IV. abzufallen, in die Verbannung geschickt, et sic eos a consortio cardinalium et a Romana urbe separavit.[5] Wie aber auch immer, — trotz des schon etwa errungenen Erfolges, trotz der Gunst Gregors VII. sehen wir bei der nächsten Papstwahl die Kardinalbischöfe wieder ihr Vorrecht ausüben. Der neue Papst selbst, nämlich Victor III., sagt in einem Briefe, durch welchen er seine Wahl der Christenheit anzeigt,

[1] ap. Jaffé Bibl. rer. Germ. II. 9.

[2] Zoepffel a. a. O. 105.

[3] Liber ad amicum ap. Jaffé l. c. 658.

[4] Dass man so wenig über die Beziehungen Gregors sowohl zu den Kardinalbischöfen, wie zu den übrigen Kardinälen nachweisen kann, erklärt das Sätzchen bei Jaffé Reg. pont. p. 402: Gregorii bullae nomina testium non praebent.

[5] Vita Greg. ap. Flaccius Cat. test. verit. 220.

sein Gegner Wibert von Ravenna sei erhoben worden contra praecepta evangelica, contra prophetarum et apostolorum decreta, contra canonum et Romanorum pontificum iura, nullo cardinalium episcoporum praecedente iudicio, nullo Romani cleri approbante suffragio, nullo denique populo fervore adhibito.[1] Sehr mit Recht hat schon Philipps[2] aus diesen Worten gefolgert, Victor III. sei also ganz in Gemässheit der päpstlichen Fassung unseres Wahldekretes auf den päpstlichen Thron gelangt, also auch besonders cardinalium episcoporum praecedente iudicio. Ich glaube, die von Bernhardi gemachte Wahrnehmung, dass Victor die ganze Einleitung seines Briefes dem Wahldekrete selbst entnommen,[3] kann die Folgerung Philipps nur noch mehr bekräftigen. Und dazu kommt noch das bisher nie beachtete Zeugniss des grössten Kanonisten im ganzen damaligen Deutschland: Bernold von Reichenau, der in einem anderen Werke ausdrücklich auf die Neuordnung der Papstwahl Bezug nimmt,[4] nennt in seiner Chronik[5] als Wähler Victors III.: cardinales episcopi et reliqui catholici de clero et populo.[6]

In ganz gleicher Weise bezeichnet Bernold die Wähler des nächsten Papstes, nämlich Urbans II.: cardinales episcopi et reliqui de clero et populo catholico. Und dass die Wahl thatsächlich ganz von den Kardinalbischöfen abhing, lehrt denn auch ein Brief, in welchem Urban II. seine Wahl der Christenheit anzeigt. Derselbe ist zum Wenigsten in drei Ausfertigungen abgesandt: die deutsche[7] und französische[8] liegen im Wortlaut vor, die italienische in der Verarbeitung

---

[1] Petrus Cassin. III. 72. Dass judicium hier Wahl bedeute, zeigte ich S. 66. Vgl. S. 74.

[2] Kirchenrecht V. 812.

[3] Vgl. oben S. 65.

[4] Mon. res Alemann. illust. II. 197.

[5] MG. SS. V. 446.

[6] Danach glaube ich werden die Einwendungen, welche Zoepffel a. a. O. 106. 107 erhebt, nicht mehr bestehen können.

[7] Mansi Coll. conc. XX. 703. Martène et Durand Ampl. coll. I. 520. Watterich Vitae pont. I. 576.

[8] Mabillon Annales Bened. V. 234. Bouquet SS. rer. Gall. XIV. 689.

des Petrus von Montecassino.[1] Die letztere war die ausführlichere,[2] nur hat Petrus sie in seiner Weise verstümmelt; die deutsche bedarf sehr der Verbesserung;[3] wir stützen uns auf die französische. Danach sind von den sechs Kardinalbischöfen, — ein Kardinalbisthum war damals erledigt, — ausser dem nachmaligen Papste, welcher Kardinalbischof von Ostia war, zur Wahl erschienen: vier, die lediglich für sich die Stimme abgeben, dazu ein fünfter, der für sich und als Beauftragter der ganzen römischen Geistlichkeit handelt; es sind ferner gekommen: ein Kardinalpriester und ein Kardinaldiakon, jeder als Vertreter seines Standes. Das Zahlenverhältniss zeigt schon zur Genüge, dass die Entscheidung von den Kardinalbischöfen ausging. Das lehrt denn auch ein Moment aus der genaueren Schilderung des Wahlverlaufes, wie Petrus von Montecassino sie doch wahrschein-

---

[1] Chron. IV. 2. Dass hier ein derartiges Ausschreiben benutzt ist, zeigt etwa folgender Vergleich. In dem nach Frankreich gerichteten Briefe heisst es: cum Portuensis episcopus omnium Romanorum clericorum, catholicae parti faventium, se legatum diceret, abbas vero Cassinensis cardinalis diaconus caeterorum diaconorum, R. quoque cardinalis tituli sti Clementis omnium cardinalium, praefectus autem Urbis laicorum omnium se ferre assereret legationem etc.; bei Petrus: Johannes Portuensis episcopus omnium cardinalium et laicorum, catholicae dumtaxat parti faventium, Benedictus vero praefectus universorum laicorum fidelium legationem et consensum unanimem per litteras attulerunt. Noch andere Uebereinstimmungen liessen sich anführen, auch mit der nach Deutschland geschickten Ausfertigung; doch das Obige wird genügen. Zugleich sieht man daraus wieder, wie lüderlich Peter arbeitete: Zwischensätze lässt er aus; die beiden Gesandtschaften der Kardinäle und Geistlichen verschmilzt er zu einer.

[2] Das zeigt z. B. die Erwähnung von Gesandten der Gräfin Mathilde.

[3] Bernhardi a. a. O. 402 hat sich leider gerade auf diesen Text gestützt; es ist zu lesen: Savinensis videlicet, Tusculanensis, Albanensis, Signiensis; praeterea et Portuensis legationem et consensum et petitionem ferens (nicht ferentes) omnium fidelium nostrae parti faventium clericorum Romae degentium (nicht eligentium); etc. Das falsche eligentium hat Bernhardi zu der wunderlichen Behauptung verleitet, zu Rom sei eine Wahl der Geistlichkeit vorausgegangen.

lich nach dem ihm vorliegenden, ausführlichen Schreiben des Papstes entwirft: drei der Kardinalbischöfe vollziehen danach die denominatio, d. h. nach Zoepffel, den zweiten der beiden Theile, aus denen die tractatio de electione besteht; sie verkünden den Namen ihres Candidaten und fragen die Versammlung, ob derselbe ihr gefalle. Lauter Beifall ist die Antwort, — der Kardinalbischof von Ostia heisst Urban II.

Bis dahin ist also das Vorrecht der Kardinalbischöfe, wie die päpstliche Fassung es festsetzt, durchaus zur Ausübung gekommen; die Reaktion bei der Wahl Gregors VII., dann auch die freilich nicht gut verbürgte Feindschaft Gregors selbst gegen die Kardinalbischöfe hat die letzteren nicht aus ihrer Stellung verdrängen können. Schon aber waren damals, als Urban erhoben wurde, zwei jener Kanonensammlungen verfasst, in denen das Vorrecht der Kardinalbischöfe durch eine Fälschung beseitigt ward. Wir sahen oben, dass Nikolaus II. in einem Rundschreiben und einem Simonieverbote betreffs der Kardinalbischöfe ganz dasselbe aussagte, wie die päpstliche Fassung seines Dekretes, dass dann aber in mehreren kanonistischen Werken, worin Rundschreiben und Simonieverbot Aufnahme fanden, der Text eine Aenderung erfuhr und zwar zu Ungunsten der Kardinalbischöfe, indem an Stelle von cardinales episcopi einfach cardinales gesetzt wurde. Die damit verbundenen, überall gleichlautenden Formverschlechterungen und Verkürzungen, welche beide Aktenstücke in den Kanonensammlungen erlitten, gaben zugleich den Beweis, dass nicht mehrere Kanonisten die Fälschung selbständig vollzogen, sondern eben nur einer, aus dessen Sammlung sie die anderen dann mittelbar oder unmittelbar übernahmen.[1] Der älteste uns bekannte Autor, welcher Rundschreiben und Simonieverbot in der gefälschten Fassung überlieferte, ist nun Anselm von Lucca. Ob er der Fälscher, ob ein Früherer, dessen uns etwa verlorenes Werk seine Quelle war, muss dahingestellt bleiben. Anselm ist einer der nächsten Freunde Gregors, mit dessen Vorwissen, ja auf dessen Wunsch er seine Sammlung angelegt

---

[1] S. oben S. 55—61.

hat;[1] und wenn nun bei Gregors Wahl Reaktionsgelüste der Kardinalkleriker sich geltend machten, wenn gar Gregor selbst die Kardinalbischöfe befeindete, dann erklärt sich die Fälschung gerade in Anselms Werk, mag er sie selbst begangen, mag er sie nur übernommen haben. Nicht minder gut lässt sich begreifen, wie auch der zweite unserer Kanonisten, Deusdedit, von keinem Vorrechte der Kardinalbischöfe, sondern nur von dem Rechte der Kardinäle redet. Ihn leitete wahrscheinlich die Sammlung seines Vorgängers Anselm, er selbst war aber auch ein Kardinalpriester,[2] der als solcher das lebhafteste Interesse hatte, seinem Stande die Rechte der Kardinalbischöfe zu verschaffen. Beide schrieben noch vor der Wahl Urbans II., die doch ganz nach der päpstlichen Fassung des Papstwahldekretes vollzogen war: Anselm und Deusdedit verdienen jedenfalls den Vorwurf, wissentlich eine Fälschung aufgenommen zu haben. Was Deusdedit angeht, so erinnere ich hier nochmals an seine, gleichen Zwecken dienende Erklärung: eosdem esse presbyteros, quos episcopos.[3]

Schon war die gefälschte Fassung wenigstens des Simonieverbotes aber auch in das Geschichtswerk des Bonitho übergegangen. Zu Anfang des folgenden Jahrhunderts schloss sich der Kardinal Gregor, der Simonieverbot und Rundschreiben aufnahm, dem Anselm und Deusdedit an. Allein noch Ivo von Chartres[4] überlieferte den Text in echtem Wortlaute.

Auf Grund der Kanonensammlungen, die den gefälschten Text verbreiteten, könnte nun recht wohl das Vorrecht der Kardinalbischöfe mit grösserem Erfolge bestritten worden sein, als vordem. Das Dekret Nikolaus II. hatte man schon in früherer Zeit ungern in die Schranken geführt: der noch so geringe Antheil, welchen es dem Könige an der Erhebung des Papstes einräumte, war den echten Römern immer ein

[1] Siehe die Ueberschriften zweier Codices, welche nach A. Theiner Disquisit. crit., einem hier nicht vorhandenen Werke, bei Migne Patrol. curs. compl. lat. CIXL. 537 wiedergegeben sind.

[2] Vgl. Giesebrecht im Münchener hist. Jahrbuch 1866, 180 ff.

[3] Vgl. oben S. 71.

[4] Decret. V. 80.

Gräuel gewesen. Nun hatte noch der Kardinal Deusdedit, der von seinem Standpunkte eines Kardinalpriesters gewiss nicht für die päpstliche Fassung schwärmte, so ziemlich alle Ausfertigungen des Dekretes verdächtigt, indem er den Wibertisten eine so ausgedehnte Fälschung vorwarf, ut aut pauca aut nulla exemplaria sibi concordantia valeant inveniri.[1] Daher ist es sehr begreiflich, dass man auf die Verfügung Nikolaus II. nicht zurückkam, dass eine Berufung auf dieselbe dem gefälschten Texte der Kanonensammlung nicht verderblich oder auch nur hinderlich ward. Und so würde sich dann ferner erklären, dass die Kardinalbischöfe aus ihrer bevorrechteten Stellung verdrängt wurden, dass die Kardinalkleriker gleiches Recht erlangten.

Ich denke gezeigt zu haben, dass die Kardinalbischöfe das ihnen eingeräumte Vorrecht thatsächlich ausgeübt haben. Zugleich bezeichnete ich das Mittel, wodurch ihnen dasselbe entwunden sein möchte.[2] Man hat aber gefragt, ob denn ein Privileg vorhanden gewesen sei, welches nie zur Geltung gekommen, und wenn es zur Geltung gekommen, ohne jede Bekämpfung spurlos verschwunden wäre. Er würde mich freuen, dieser Alternative nicht wieder zu begegnen.

---

[1] Contra invasor. ap. Mai Nova patr. bibl. VII. c. 82.

[2] Ich möchte glauben, dass die Kardinalkleriker das Vorrecht der Kardinalbischöfe schon bei der Wahl Paschals II. beseitigt hatten. Damals hatte die verfälschte Form des Rundschreibens und des Simonieverbotes schon längere Zeit gewirkt, und was besonders wichtig ist: von den Kardinalbischöfen, die bei der Wahl Urbans II. ihr Recht noch ausgeübt hatten, war bei der Erhebung Paschals II. keiner zugegen. Dieser haben angewohnt: Oddo von Ostia, Walter von Albano, Bovo von Labico, Milo von Palaestrina, Offo von Nepi; — Vita Paschal. ap. Watterich II. 2. — und jene vollzogen: Ubald von der Sabina, Johann I. von Fraskati, Petrus von Albano, Bruno von Segni, Johann VI. von Porto, der zum Papst gewählte Otto von Ostia. Vgl. S. 77 Anm. 3. Bei der Wahl Paschals II. konnte also kein Kardinalbischof geltend machen, was er bei der Urbans II geübt habe.

DER ANTHEIL DER KARDINALKLERIKER, DER GEISTLICHEN UND DES VOLKES.

An zwei Stellen des päpstlichen Tenors ist das Vorrecht der Kardinalbischöfe betont worden. Daneben wird aber auch das eine Mal der Kardinalkleriker gedacht: nicht so das andere Mal. Auf diesen Unterschied hat vor Allen Giesebrecht hingewiesen,[1] und zwar findet er darin einen Widerspruch, den er durch die Annahme einer Fälschung löst. Zunächst nämlich heisst es: cardinales episcopi de electione tractantes mox sibi clericos cardinales adhibeant sicque reliquus clerus et populus ad consensum novae electionis accedant; später werden dann als Wähler bezeichnet cardinales episcopi cum religiosis clericis catholicisque laicis. Das eine Mal hätten wir also vier Faktoren, das andere Mal nur drei. Und nun bezieht Giesebrecht sich auf die früher angeführten Stellen aus den Werken des Petrus Damiani: auch er verlangt, wie das Dekret an zweiter Stelle, ein Zusammenwirken von Kardinalbischöfen, Klerus und Volk; und danach nimmt Giesebrecht an erster Stelle eine Fälschung an. Verdankt der Satz mox sibi clericos cardinales adhibeant, etwa derselben Tendenz seine Entstehung, die in einer späteren Zeit, schon kühner geworden, die Kardinalbischöfe in dem früher besprochenen Rundschreiben und Simonieverbote ganz beseitigte?[2]

Ich will bei Petrus Damiani bleiben: er spricht zweimal von den Kardinabischöfen, dem Klerus und Volk, aber

---

[1] Münchener hist. Jahrbuch 1866. S. 161. 162.

[2] Vgl. oben S. 55–61. S. 79.

das dritte Mal finden wir doch auch bei ihm vier Faktoren, und zwar in demselben Aktenstücke, in welchem einmal nur drei unterschieden sind. Also der gleiche Widerspruch, den Giesebrecht betreffs der päpstlichen Fassung bemerkt hat, der ihm hier entgangen ist! In dem Schreiben an Cadalus verlangt Peter das eine Mal: (electio) per episcoporum cardinalium fieri debeat principale iudicium, secundo loco iure praebeat clerus assensum, tertio popularis favor attollat applausum; das andere Mal fragt er den Cadalus: Taceamus interim de senatu, de inferioris ordinis clero, de populo. Quid tibi de cardinalibus videtur episcopis etc.? Der Senat, als vierter Faktor, entspricht den Kardinälen in der päpstlichen Fassung.[1]

Diese eigenthümliche Uebereinstimmung scheint mir doch jeden Gedanken an Fälschung auszuschliessen. Wäre sie aber auch nicht vorhanden, — sehr mit Recht hat schon Hefele[2] gegen Giesebrecht bemerkt: „Um den scheinbaren Widerspruch zu heben, darf man wohl sagen: in den religiosis clerici der zweiten Stelle seien hier auch die cardinales clerici der ersten mit eingeschlossen, da ihre Funktion bei der Papstwahl, von der des reliquus clerus nicht verschieden, eben auch nur im consensus oder, wie es anderwärts heisst, in der laudatio bestanden hat. Nur nahmen sie unter den Zustimmenden den ersten Platz ein;“ und darum sei das eine Mal, meint Hefele, ihrer besonders gedacht worden. Diese Entgegnung scheint mir nun durch den oben hervorgehobenen, ganz gleichen „Widerspruch“ in dem Briefe Damianis noch eine besondere Stütze zu gewinnen.

Noch weiter als Giesebrecht geht Hinschius[3]: er verwirft nicht bloss die Hervorhebung der Kardinäle, sondern jede Theilnahme von Geistlichkeit und Volk. Denn in den

---

[1] Siehe oben S. 63 Anm. 3, wo ich nachwies, dass hier Senat die höchste Geistlichkeit bedeute.

[2] Theol. Quartalschrift LX. 279. 280. Ebenso Waitz in den Forschungen z. dtsch. Gesch. VII. 403.

[3] Kirchenrecht I. 254. 255. Gegen Hinschius hat sich schon in ähnlicher Weise, wie im Folgenden geschieht, Zoepffel a. a. O. 126 ff. ausgesprochen.

anderen Akten Nikolaus II., welche die Beschlüsse der Sinode betreffen,[1] sei davon keine Rede; hier verlange er nicht für die Wahl, sondern nur für die Inthronisation „den Konsens der Kleriker und Laien". In der That, mit dem Wortlaut von Rundschreiben und Simonieverbot stimmt eine solche Deutung überein.[2] Aber muss deshalb das Dekret an dieser Stelle gefälscht sein? 1) entspricht die Zustimmung bei der Wahl durchaus den Vorgängen der nächsten Zeit; ich kann darauf verzichten, die Beispiele einer Theilnahme von Klerus und Volk vorzuführen. Dagegen hört man aber auch nicht ein einziges Mal, dass Volk und Klerus die Vornahme der Inthronisation gutgeheissen hätten. 2) bezeichnet Petrus Damiani die Zustimmung geradezu als ein Erforderniss für die Vollständigkeit der Wahl: das eine Mal sagt er: secundo loco iure praebeat clerus assensum, tertio popularis favor attollat applausum;[3] das andere Mal clerus elegit, populus expetivit.[4] Wie es auch sonst wohl geschieht,[5] gebraucht

---

[1] Siehe oben S. 55. 56. 60.

[2] Wenn es später im Simonieverbote heisst: Liceatque cardinalibus episcopis cum deum timentibus clericis et laicis invasorem a sede apostolica repellere et quem dignum iudicaverint praeponere, so kann man zur Noth, wie Hinschius 255 Anm. 1 es thut, cum clericis et laicis nur zu repellere beziehen, nicht auch zu praeponere. Will man es aber zu praeponere ziehen, wie Zoepffel a. a. O. 128 gewiss mit Recht thut, so ist damit doch Nichts gegen Hinschius bewiesen, denn immerhin ist es gestattet, praeponere nicht als eligere, sondern inthronizare zu fassen. Zoepffels Einwendungen gegen eine Ergänzung des Simonieverbotes, die Hinschius empfiehlt, kann ich nicht unterschreiben: auch ich schalte ein: et laicorum consensu. Damit fällt die Beziehung des vorausgegangenen clericorum auf das noch ferner stehende electione. Vgl. oben S. 60 Anm. 1.

[3] Nur diese, nicht auch die folgende Stelle hat Hinschius herangezogen. Er läugnet einfach ihre Beweiskraft, namentlich bedeute iure praebeat clerus assensum nur ein formelles Beitrittsrecht; ich weiss nicht, worauf sich die Annahme stützt.

[4] Vgl. oben S. 62. Die Stelle in dem Briefe Victors III.: nullo Romani cleri approbante suffragio, nullo devoti populi fervore adhibito in sancta Romana ecclesia omnis malitiae etc. caput est factus ziehe ich nicht heran, denn mit caput est factus könnte auch die Inthronisation gemeint sein.

[5] Vgl. Zoepffel a. a. O. 139 ff. 148.

Petrus hier das Wort eligere ganz im Sinne von consentire, und so meint er denn mit dem „clerus elegit“ der zweiten Stelle nichts Anderes, als mit dem „clerus praebeat assensum“ der ersten; was dann das „popularis favor attollat applausum“ und das „populus expetivit“ angeht, so besteht im Grunde kein Unterschied; durch Beides ist auch eine Zustimmung bezeichnet. Damit möchte die Annahme einer Fälschung widerlegt sein. Doch es bleibt der Widerspruch zu Rundschreiben und Simonieverbot. Wenn er nicht mehr für eine Fälschung im Dekrete zeugen kann, so mag er doch immerhin noch störend wirken, — vorausgesetzt, dass er eine Bedeutung hat. Das eben muss ich bestreiten; denn die Wirkung ist dieselbe, ob nun die Zustimmung ein Theil der Wahl ist oder ob sie als sine qua non der Inthronisation bezeichnet wird. Recht wohl konnte Nikolaus in Rundschreiben und Simonieverbot, die gewissermassen in Einem Tenor geschrieben sind, einmal in der Form weniger genau, aber in der Sache dasselbe sagend, die Zustimmung auf die Inthronisation beziehen.

Dass hier die päpstliche Fassung verfälscht sei, ist also eine unbegründete Annahme. Man wird weitergehend vielmehr behaupten dürfen, eine Beziehung auf Geistlichkeit und Laienschaft habe das Dekret nicht entbehren können. Wenigstens ausdrücklich ist aber in der kaiserlichen Fassung von Klerus und Volk nicht die Rede. Allein mit der Bestimmung, dass „vornehmlich“ die Kardinäle berechtigt sein sollten, ist auch den Geistlichen und Laien ein gewisser Spielraum vergönnt.

Wenn man beobachtet, wie der Satz: sicque reliquus clerus et populus ad consensum novae electionis accedant in der kaiserlichen Fassung fehlt; wenn man hinzunimmt, wie es in ihr nur heisst und zwar doch offenbar mit Bezug auf die vornehmsten Wähler, die Kardinäle, dass ihrer auch Wenige genügen sollten, wenn ausserhalb Roms gewählt werden müsse, wie dagegen in der päpstlichen Fassung für solchen Fall wiederum auch wenigstens einige Laien und Geistliche verlangt werden; wenn man endlich erwägt, wie in der päpstlichen Fassung auch ein Kanon Leos I., der in der kaiserlichen fehlt, ausdrücklich auf Klerus und Volk Bezug nimmt: so kann man wohl nicht zweifeln, dass die päpstliche Fassung mit dem Rundschreiben, dem Simonieverbote und mit Aeusserungen Damianis, welche gleichsam einstimmig die Rechte des Volkes und des Klerus auf Grund eben des echten Dekretes anerkennen, im allerbesten Einklange steht, nicht dagegen die kaiserliche, deren Bestreben es augenscheinlich war, Klerus und Volk in den Hintergrund zu drängen.[1]

---

[1] Ich benutze den grossen Raum, der hier bleiben würde, einen Nachtrag zu S. 24 zu geben, d. h. zu jenen Ueberlieferungen des kaiserlichen Tenors, die ich als die Bamberger bezeichnete. P. Braun Notitia de cod. mscr. in bibl. monast. ad ss. Udal. et Afram Augustae II. 143 veröffentlichte das Fragment unseres Dekrets, wodurch in einem Codex des 12. Jahrhunderts, nunmehr Cod. lat. Monac. 4317, das letzte Blatt ausgefüllt ist. Der Text steht in nächster Verwandtschaft zu den Bambergern, wie er denn z. B. den bisher allein aus ihnen bekannten 13. April als Tag der Publication enthält. Die Quelle der Bamberger kann er schon deshalb nicht sein, weil er selbst nur Fragment; andererseits ist er aber auch nicht von ihnen abhängig: er hat nicht die Aenderungen Udalrichs, namentlich auch nicht das S. 25 besprochene tractent, und theilt ebensowenig alle Lücken der anderen Bamberger, so nicht diejenigen, welche ich S. 29 Var. c, n und o verzeichnete.

Die Sätze: Et certe rectus — culminis apicem provehunt finden sich nur in dem päpstlichen Tenor. Der Verfasser fühlte, hat man gesagt, dass er die Verletzung der kirchlichen Institutionen doch rechtfertigen müsse, und suchte nun in den Kanones. Da habe er denn einen Satz Leos I. gefunden; und wie schlecht derselbe auch passe, er habe ihn zu seinem Zwecke benutzt. Indem er den Wortlaut mit dem begründenden Uebergange: Et certe rectus atque legitimus hic electionis ordo perpenditur an das Vorausgehende anschliesst, beginnt er die Rechtfertigung. Sie ist allerdings sehr missglückt. Wenn Leo bestimmt: (ne) inter episcopos habeantur qui nec a clericis sunt electi, nec a plebibus expetiti. so ist damit für unser Dekret Nichts erwiesen, denn dasselbe räumt Geistlichen und Laien nur ein Zustimmungsrecht ein. Weit schlimmer steht es mit dem Folgenden. Man erwartet natürlich vor Allem eine Begründung des Vorrechtes der Kardinalbischöfe, denen die eigentliche Wahl zustehen soll: eine Begründung ist auch beabsichtigt, sie wird aber keineswegs gegeben. Leo verlangt nämlich weiter, dass auch diejenigen nicht Bischöfe sein sollen, welche nec a comprovincialibus episcopis metropolitani iudicio consecrati (sint); und diesen Satz hat nun der Verfasser des Dekretes in dem Sinne verwerthet, dass in Hinsicht des Papstes, der ja Niemanden über sich habe, an Stelle des Metropoliten die Kardinalbischöfe treten müssten. Jedermann wird also schliessen: mithin haben die Kardinalbischöfe ein Urtheil über den zu weihenden Papst, wie es der Metropolit über den zu weihenden Bischof hat. Die Schlussfolgerung an sich ist so zwingend, als ihre Anwendung auf unseren Fall überraschen muss. Denn wir haben ja erwartet, dass die Befugniss der Kardinalbischöfe als der eigentlichen Wähler gerechtfertigt würde; statt dessen wird ihnen ein offenbar nach geschlossener Wahl abzugebendes Urtheil eingeräumt, ob nun die Weihe vollzogen werden könne: sie sind für die Papstwahl, was die Metropoliten für die Bischofswahl; ein eigentliches Wahlrecht haben aber die Metropoliten gar nicht geübt. Die Wendung ist höchst eigenthümlich, nicht weniger aber auch das Recht, welches hier mit dem Urtheile gemeint ist, denn denselben Männern, die bei der Wahl selbst die erste entscheidende Stimme hatten, nun noch ein Urtheil zu verbriefen, wie es dem Metropoliten vor der Weihe des Bischofs zusteht, ist doch ein wunderliches Privileg. Zudem wird in unser Dekret damit ein ganz neues Moment eingeführt, und bei dem Satze Leos und seiner Verwerthung handelt es sich doch um die kanonistische Begründung eines schon vorausgegangenen Gesetzes. Aber die Ungeschicklichkeit geht noch weiter. Die Metropoliten haben also das Urtheil, ob die Sprengelbischöfe einen neugewählten Collegen weihen sollen; in dasselbe Recht treten die Kardinalbischöfe, sofern es sich um die Weihe eines Papstes handelt; — wer wird danach vermuthen, dass die Kardinalbischöfe mit Hinsicht auf die Weihe selbst den Sprengelbischöfen gleichgestellt werden? Es geschieht in dem Relativsatze: qui electum antistitem ad apostolici culminis apicem provehunt. Auch damit ist denn statt der Begründung des vorausgegangenen Gesetzes ein anderes, ein neues ausgesprochen.

Ich habe die Wunderlichkeiten noch schärfer hervorgehoben, als meine Vorgänger; aber ich bin doch nicht der Ansicht, dass den in Rede stehenden Sätzen darum „der Stempel der Unechtheit" aufgeprägt sei. Zwar die Bemerkung von Waitz,[1] dass der Abschnitt „entschieden nicht wie eine Interpolation aussehe" oder gar „ein Beweis mehr für die Echtheit sei", wird in ihrer etwas subjektiven Färbung nicht Jeder gelten lassen. Aber sehr mit Recht möchte man fragen, ob denn das Bedürfniss, seine neuen Satzungen durch einen alten Kanon zu rechtfertigen, nicht den Papst selbst zu einer

[1] Forsch. IV. 108, VII. 408.

höchst unglücklichen Wahl und Anwendung verführt haben könnte. Weshalb muss der Ungeschickte gerade ein Fälscher sein? Doch die Entscheidung ist ja eigentlich schon gegeben. Ich glaube in den vorausgegangenen Paragraphen die Echtheit der Sätze nachgewiesen zu haben, die hier als kanonisch begründet werden sollten; und undenkbar ist doch, dass zu echten Sätzen eine unechte Begründung hinzugefügt worden wäre. Die entgegengesetzte Ansicht vertritt Giesebrecht: es ist um so auffallender, dass er einen Beweis nicht einmal versucht hat, als seine Zumuthung, man solle die zu begründenden Sätze für echt, die begründenden für unecht halten, doch wohl eine starke genannt werden kann.

Vielleicht aber lassen sich die hervorgehobenen Wunderlichkeiten sogar noch erklären. Zunächst muss ich bemerken, dass der Satz Leos des Grossen damals oft angeführt worden ist. Um dieselbe Zeit haben sich z. B. die Kardinalbischöfe Petrus Damiani[1] und Humbert von Silva Candida[2] auf ihn bezogen.[3] Dass der Verfasser „in den Kanones gesucht habe“, um eine Rechtfertigung zu finden, ist also eine ganz unbegründete Vermuthung. Vielmehr wird man behaupten dürfen, es habe sich darum gehandelt, die Neuordnung der Papstwahl mit einer damals viel berufenen Regel in leidlichen Einklang zu bringen. Und sieht man nun nur auf die Faktoren einer Bischofswahl, wie Leo sie will, und einer Papstwahl, wie Nikolaus sie einführt, vergisst man die ganz verschiedene Befugniss dieser Faktoren, dann allerdings wird man die Uebereinstimmung zugeben können: Klerus, Volk, Metropolit wirken auf der einen Seite zusammen, auf der anderen die Kardinalbischöfe, die an Stelle des Metropoliten getreten sind, die

[1] Liber gratissimus c. 24 Op. ed. Cajetani III. 122.

[2] Adversus simoniacos III. 5 ap. Migne Patrol. CXLIII. 1148.

[3] Ausserdem der Verfasser des Werkes De unit. eccles. conserv. ap. Freher SS. I. 304 und Placid. Nonaut. De honore ecclesiae c. 23 ap. Pez. Thesaur. II.b 93; dann findet sich das Citat noch in vielen Kanonensammlungen, die bei Richter-Friedberg 234 Anm. 2 zur Dist. 62 nachgewiesen sind. Dazu ist zu ergänzen Deusdedit I. 97 od. Martinucci 83. Endlich beruft sich auch Hugo Flor. De reg. potest. ap. Baluze-Mansi Miscell. II. 194 auf unseren Satz, nur dass er denselben nicht bloss Leo I., sondern auch einem Gelasius und Coelestin zuschreibt.

Geistlichen und das Volk. Die Wahl des Klerus, der Wunsch des Volkes, die Zustimmung des Metropoliten sind die Bedingungen, die erfüllt sein müssen, ehe die Sprengelbischöfe zur Weihe schreiten dürfen. Leo redet von der Weihe, also meint Nikolaus es auch thun zu sollen. Dadurch scheint doch der gar nicht in den Zusammenhang gehörende Satz: qui electum ad apostolici culminis apicem provehunt[1] hierher gerathen zu sein. Auch der vierte Faktor des Kanons ist gefunden! Man erkennt das rein Aeusserliche in der Deduktion der neuen Wahlordnung.

Gerade der Satz, dass die Kardinalbischöfe electum antistitem ad apostolici culminis apicem provehunt, — dieser so zu sagen hineingeschneite Satz lässt sich nun aber noch ganz besonders als echt erweisen; in seiner innigen Verbindung mit dem Uebrigen wird er zugleich eine neue Rechtfertigung des Ganzen ermöglichen.

Nach der Allgemeinheit der Fassung: ad apostolici culminis apicem provehunt sind unzweifelhaft die Weihe und zugleich die sogenannte Inthronisation als Rechte der Kardinalbischöfe verstanden. Was nun die Weihe angeht, so hat schon Waitz bemerkt, das Decretum contra simoniacos enthalte ein Zeugniss, dass in der Papstwahlordnung auch von der Weihe die Rede gewesen sei: es heisst da nämlich sine canonica electione et benedictione cardinalium episcoporum etc. Und nicht bloss von der Weihe war die Rede, sondern auch von der Inthronisation: für beides liefert den schlagendsten, merkwürdiger Weise stets übersehenen Beweis eine Stelle unseres Wahldekretes selbst. Wenn es nämlich in der Drohformel heisst: Quodsi quis contra hoc decretum nostrum, synodali sententia promulgatum, electus aut

---

[1] Waitz a. a. O. VII. 408 meint, die Worte seien eingefügt, um aus dem Rechte der Consecration, welches die Kardinalbischöfe besassen, auch deren Recht des Vorranges bei der Wahl herzuleiten oder zu begründen. Aber eine derartige Folgerung ist doch höchst gewagt; auch finde ich nicht, dass irgend ein Moment in dem Gedankengange Nikolaus II. auf dieselbe hinführe. Viel natürlicher erscheint mir, dass Nikolaus geglaubt habe, von der Weihe reden zu sollen, weil Leo es in den von ihm angeführten Worten auch thue.

etiam ordinatus seu intronizatus fuerit etc.; so muss das Dekret natürlich eine Bestimmung nicht bloss über Wahl, sondern auch über Weihe und Inthronisation enthalten haben. Von Weihe und Inthronisation handelt aber eben der Satz: (cardinales episcopi) electum ad apostolici culminis apicem provehunt.

Die Drohformel liest man geradeso in der kaiserlichen Fassung, nicht aber die ihr entsprechende, durch sie bedingte Anordnung: man wird nicht zweifeln können, dass hier eine Lücke gelassen ist. Die Weihe des Papstes aber hängt, als die Parallele zu der Weihe des gewählten Bischofs, welche die Sprengelbischöfe vornehmen sollen, unlöslich mit den Worten Leos des Grossen zusammen: wenn der Satz qui electum ad apostolici culminis apicem provehunt dem echten Dekret angehört, dann auch der Kanon, dass die Bischöfe a comprovincialibus episcopis consecrati sein sollten. Damit möchte dann aber zugleich der ganze Absatz nochmals gerechtfertigt sein.

Was den Fälscher veranlasste, die Begründung einfach zu übergehen, ist nicht schwer zu finden. Die Kardinalbischöfe hätte er ja ohne besondere Mühe in „die Kardinalkleriker" umwandeln können, aber es blieben die Worte: qui nec a clericis sunt electi, nec a plebibus expetiti. Wie wir schon sahen, ist es eine Tendenz der Fälschung, den Antheil von niederen Geistlichen und Laien zu beschränken. Noch an zwei anderen Stellen ist in der päpstlichen Fassung der Geistlichen und des Volkes gedacht; beide Erwähnungen sind in der kaiserlichen unterdrückt.[1]

[1] Ich erlaube mir hier die Vermuthung, dass Damiani und Victor III, in einem gewissen Zusammenhange mit der besprochenen Stelle für das Vorrecht der Kardinalbischöfe das Wort judicium gebrauchten. Wie ich S. 65. 66 zeigte, verstanden sie darunter die Wahl selbst. Diese hatte Nikolaus in seinem Dekrete den Kardinalbischöfen übertragen, und wenn er nun gleich darauf vom judicium cardinalium episcoporum redete, — was lag da näher, als ihr Wahlrecht geradezu judicium zu nennen?

DAS RECHT DES KÖNIGS.

Welches Recht dem Könige noch bleiben sollte, hatte Nikolaus vor Abfassung des Dekretes festgestellt, und zwar in der Form einer Verleihung: sicut jam sibi concessimus. Sie wurde jetzt nur bestätigt. Ein Verweis konnte da völlig genügen; einer Definition des dem Könige zugestandenen Rechtes durfte man sich überheben.[1] Ja noch mehr: eine Beschreibung desselben war gar nicht am Platz, denn die Verordnungen über die Papstwahl sollten dauernde Geltung haben, das königliche Recht wurde aber nicht etwa dem Reiche ein für alle Mal zugestanden, sondern nur Heinrich: für jeden seiner Nachfolger sollte es einer neuen, natürlich im Belieben des Papstes stehenden Verleihung bedürfen.

Dem entsprechend findet man in der päpstlichen Fassung eine allgemeine Wendung. Nachdem die Bestimmungen für eine Papstwahl unter gewöhnlichen Verhältnissen entwickelt sind, da nur noch für den Ausnahmefall, dass die Wahl wegen Gewaltthätigkeit in Rom selbst nicht stattfinden könne, die dann geltenden Normen zu entwickeln sind, wird die Wahrung der königlichen Rechte eingeschoben. Salvo debito honore et reverentia dilecti nostri filii Henrici etc., sicut iam sibi concessimus, et successorum illius, qui ab hac apostolica sede personaliter hoc ius impetraverint. Ob nun das königliche Recht beschränkter oder umfassender Natur ist, kommt für die päpstliche Fassung gar nicht in Betracht. Demnach ist hier inhaltlich Alles in bester Ordnung; und da die for-

[1] Vgl. S. 41.

mellen Bedenken, wozu hoc ius veranlasste, weil es jeder Beziehung entbehre, sich ohne allen Zwang heben lassen, wenn man aus dem Vorausgehenden ergänzt: „quod sibi iam concessimus", so scheint mir nicht der geringste Grund vorhanden, aus dem Satze, welcher der Wahrung der königlichen Rechte gilt, gegen die päpstliche Fassung irgend einen Argwohn zu schöpfen.

Freilich, diese ganze Erwägung, wie zutreffend sie an und für sich sein mag, scheint nun in nichts zu zerfallen, wenn die oft wiederholte Behauptung, selbst päpstliche Schriftsteller hätten in einer Weise auf die Zustimmung des Königs Bezug genommen, dass dieselbe in der echten Fassung auch ausgedrückt sein müsse, — wenn diese Behauptung festen Grund hat. Da ist wohl an erster Stelle Bonitho zu nennen; in seinem liber ad amicum erzählt er zunächst, die langobardischen Bischöfe hätten der Kaiserin erklärt, beatum Nicolaum decreto firmasse, ut nullus in pontificum numero deinceps haberetur, qui non ex consensu regis eligeretur;[1] später heisst es: sunt enim qui dicunt, eum non iure fuisse apostolicum propter quaedam decreta Nicolai iunioris. Quibus sub anathemate interdictum ferunt, ut nemo aspirare audeat ad pontificatum, nisi ex consensu regis eiusque filii.[2] Aber beide Male erhebt sich Bonitho gegen eine solche Behauptung; erst nennt er sie eine Machination, später schickt er sich an, sie nach allen Richtungen als ganz falsch zu erweisen. Dann mag wohl einen besonderen Eindruck die Erzählung des Petrus von Montecassino machen; in ihr wird ein Urtheil des gewiss gut unterrichteten Kardinal Desiderius wiedergegeben;[3] und wenn dieser einräumt, dass im Dekret von einer Zustimmung des Königs die Rede sei, — wie kann man dann noch einen Zweifel erheben? Desiderius streitet mit dem Kardinal von Ostia über die Würde des apostolischen Stuhles; sein Gegner zeigt ihm das Dekret des Nikolaus: ut nunquam papa in Romana ecclesia absque consensu imperatoris fieret,

---

[1] ap. Jaffé Bibl. rer. Germ. II. 645.
[2] ibid. 680.
[3] Chron. Cassin. III. 50.

und nun muss Desiderius zugeben: Quod si hoc a Nycolao papa factum est, iniuste procul dubio et stultissime factum est. Indem man diese Stelle zu dem — wie man meinte — zwingenden Beweise verwerthete, dass die kaiserlichen Rechte mit bestimmten Worten im Dekrete bezeichnet seien, hat man immer übersehen, dass Desiderius selbst das Dekret unterschrieben. War da überhaupt ein Streit über den Inhalt möglich? Und nun gar mit dem Bischofe von Ostia? Er nannte sich nachmals Papst Urban II.; sein ganzes Leben lang war er der eifrigste Gregorianer: ein Jahr nach der angeblichen Unterredung hat Heinrich ihn, den angeblichen Vertheidiger seiner Sache, in Haft genommen.[1] Nicht einmal für Gespräche aus seiner eigenen Zeit verdient Petrus Glauben, geschweige denn für die einer viel früheren. Es bleibt von den päpstlichen Schriftstellern noch Deusdedit. Wie Bonitho sagt: Sunt enim qui dicunt, so er nun: Sunt item qui obiiciunt, Nicolaum iuniorem decreto synodico statuisse, ut obeunte apostolico pontifice successor eligeretur, et electio regi notificaretur; facta vero electione et, ut praedictum est, regi notificata, ita demum pontifex consecraretur. Quod si admittendum est etc.[2] Deusdedit widerspricht nicht, er will die Behauptung vielmehr gelten lassen, aber doch nicht weil er von ihrer Richtigkeit überzeugt ist, sondern weil er selbst unter der Voraussetzung, dass sie richtig sei, nach seiner Meinung ganz schlagend zeigen kann und wird, ein derartiges Zugeständniss Nikolaus II. entbehre jeder Rechtskraft. In demselben Zusammenhange bemerkt Deusdedit, nach allen Fälschungen, die an dem Dekrete vorgenommen seien, könne man das Echte vom Unechten gar nicht mehr unterscheiden. Da wird er doch nicht das Zustimmungsrecht des Königs, von welchem man ihm geredet hat, als einen zweifellos echten Bestandtheil des Dekretes anerkennen! Mit den einleitenden Worten sunt qui dicunt ist die Unsicherheit doch auch zur Genüge ausgesprochen.

---

[1] Bernoldi chron. M. G. SS. V. 438. Dazu die Notiz im Register Gregors VII. bei Jaffé Bibl. rer. Germ. II. 516.

[2] ap. Mai Patr. nov. bibl. VII.c 82.

Wenn sonst noch päpstliche Autoren von dem Rechte des Königs als von einer Zustimmung reden, so ist damit noch nicht bewiesen, dass sie das Wort consensus in der Urkunde gelesen haben; es kann sich doch auch sehr gut um eine Deutung handeln. Es bleibt ferner die Möglichkeit, dass Manchem anderweitig bekannt war, was Nikolaus dem Könige schon zugestanden hatte, als er in seinem Wahldekrete bemerkte sicut iam sibi concessimus: auf den Inhalt dieser Concession, nicht auf das Wahldekret, wird sich namentlich der gut unterrichtete Petrus Damiani beziehen, da er von einem Zustimmungsrechte redet. Endlich ist es doch auch immerhin denkbar, dass selbst ein päpstlicher Autor, durch die kaiserliche Fassung bestimmt, das Wort consensus brauchte; in ihr ist allerdings von der Zustimmung des Königs die Rede. Damit aber ist natürlich kein Beweis für die Unechtheit der päpstlichen Fassung geführt.

Nach Allem bin ich nicht der Meinung, dass die Stellen päpstlicher Autoren, die von einer Zustimmung des Königs sprechen, zu dem Schlusse zwängen, in der echten Fassung müsse dieselbe in unzweideutiger Weise gekennzeichnet sein. Es bleibt vielmehr bei der früher ausgesprochenen Ansicht, dass nach dem Hinweise auf besondere Vergünstigungen, die Heinrich IV. gemacht wurden, eine Definition des königlichen Rechtes gar nicht nothwendig, ja nach der Lage der Dinge gar nicht am Platze sei.

Ich komme zu der kaiserlichen Fassung. Auch hier ist hoc ius nicht genauer umschrieben; aber wie ich schon oben bemerkt habe,[1] lässt die Stellung, welche der Wahrung des königlichen Rechtes angewiesen ist, doch keinen Zweifel aufkommen, dass eine Zustimmung vor vollendeter Wahl gemeint ist. Salvo debito honore ist als Zwischensatz eingeschoben hinter die tractatio der Kardinäle und vor den Abschluss der Wahl, der mit ad novae electionis consensum accedant bezeichnet ist. Also soll das Recht des Königs gewahrt sein, ehe man zur Entscheidung schreitet; mit anderen Worten: der König muss zugestimmt haben, dass der Kan-

[1] Vgl. S. 37. 38

didat der Kardinäle gewählt werde. Zu demselben Ergebniss — auch darauf wurde schon aufmerksam gemacht, — führt der Satz, welcher über die Reihenfolge der Wähler handelt: religiosi viri cum filio nostro rege H. praeduces sint in promovenda summi pontificis electione, reliqui autem sequaces. Dass der König selbst im Wahlgange stimmen möge, soll gewiss nicht gesagt sein;[1] die Meinung ist vielmehr, dass die Religiosen in Uebereinstimmung mit dem Könige zuerst ihr Votum abgeben sollten, vor den Uebrigen. So werden wir von beiden Seiten auf ein Zustimmungsrecht des Königs geführt, welches ihm vor der definitiven Wahl zugestanden hätte.

Eine Bestätigung — wenn ich so sagen darf — nicht erst des Gewählten, sondern noch des Kandidaten haben auch eine Reihe von Imperialisten gefordert und zwar mit Hinweis auf das Dekret. Wenn die langobardischen Bischöfe, wie Bonitho erzählt, als rechtmässigen Papst nicht anerkennen wollen, qui non ex consensu regis eligeretur; wenn nach demselben Geschichtschreiber später Gregor VII. verworfen wird, weil er gegen die Bestimmung Nikolaus II., ut nemo aspirare audeat ad pontificatum, nisi ex consensu regis,[2] zur päpstlichen Würde gelangt sei; so ist unzweifelhaft eine Zustimmung vor der Wahl gemeint: ich verweise auf das zweimalige ex consensu, d. h. nach Massgabe königlicher Zustimmung, auf das aspirare, d. h. sogar nach dem päpstlichen Stuhle zu trachten, wenn der König es nicht gebilligt hat, verdiene das Anathem. Dazu stimmt die Meinung Widos von Ferrara: er verwirft Gregor VII., denn non expectato regis assensu, mentem ad apostolatum intendit; in seiner vorausgegangenen Definition des Dekrets hat Wido die Kandidatur, die der Genehmigung des Königs entbehrt, als un-

---

[1] In dem Excerpto der kaiserlichen Fassung, welches Giesebrecht im Münchener hist. Jahrb. 1866 S. 172 aus einem Florentiner Codex herausgegeben hat, heisst es allerdings: absque consensu et praesentia Romani imperatoris.

[2] Vgl. oben S. 92 Anm. 1 und 2.

zulässig bezeichnet.[1] Nichts Anderes besagt aber auch die Forderung, welche nach Petrus Damiani ein Anhänger des Königs an einen Papisten stellt. Der Letztere erwidert dem Ersteren: Dicis non debuisse me pontificem sine consensu regis eligere.[2] Für diese Zustimmung des Königs vor definitiver Wahl gebrauchte ein anderer Publicist der damaligen Zeit den gewiss bezeichnenden Ausdruck: electione regis eligere.[3]

Man sieht wohl: es handelt sich um eine Bestätigung des noch zu Wählenden, um eine Gutheissung des Kandidaten; die Behauptung von Waitz: „eine Zustimmung kann aber immer doch erst nach der Wahl,[4] nicht vor der Wahl erfolgen“, scheint mir widerlegt zu sein, aber auch die Meinung von Giesebrecht, dass für den König ein Denominationsrecht beansprucht worden sei.[5] Die Forderung derer, die auf dem Boden der kaiserlichen Fassung standen, muss dahin gegangen sein, dass man in Rom sich über einen Kandidaten einige, dass dieser vom Könige zu genehmigen sei,

---

[1] De scismate Hildebrandi M. G. SS. XII. 167: quicunque deinceps ad apostolatum animum intendisset etc.

[2] Disceptatio synodalis ed. Cajetani III. 70. Denselben Sinn haben auch die Worte in der Schrift De papatu Romano, dass nach dem Dekrete Nikolaus II. Niemand absque electione et assensu praedictorum imperatorum Henrici patris et filii se intromitteret. „Sich eindrängen“ ist ja allerdings mancher Deutung fähig; aber es soll hier doch wohl nichts Anderes heissen, als was die Römer Heinrich III. gelobt haben: nunquam se papam electuros absque electione vel assensu ipsius et filii. Vgl. auch die folgende Anm.

[3] Nach der Schrift De papatu Romano, die ich in der vierten Beilage herausgebe, bestimmte Heinrich III., ut nullus in apostolica sede absque electione sua et filii sui pontifex eligeretur.

[4] Forsch. z. dtsch. Gesch. VII. 405.

[5] Münchener hist. Jahrbuch 1866. S. 163. Aber Giesebrecht scheint mir hier ein für seine eigene Auffassung gar nicht passendes Wort gewählt zu haben. Durchaus muss ich ihm zustimmen, wenn er Kaiserzeit III. 43 sagt, die Wahlordnung hätte gewollt, „dass die Kardinäle sich über die Person des zu Wählenden einigen, dann aber die Zustimmung des Königs Heinrich vor der förmlichen Wahl einholen sollten“. Das ist doch nicht Denomination.

dass erst dann die eigentliche Wahl vorgenommen werden dürfe.[1]

Hat nun Rom dem Könige das Recht zuerkannt, dass nicht eher die Wahl vollzogen werden solle, bis seine Genehmigung eingetroffen sei? Beschränkte sich seine Befugniss nicht vielmehr auf Anerkennung oder Verwerfung des bereits Gewählten? Schalten wir hier ein: wie auch die Antwort ausfallen mag, — für das Urtheil über die päpstliche Fassung ist damit Nichts gewonnen oder verloren, denn nach der Art und Weise, wie da das königliche Recht gewahrt ist, kann dasselbe ebenso umfassend wie beschränkt gewesen sein. Eben nur für die kaiserliche Fassung wird die Antwort einer Vernichtung oder Rettung gleich sein.

Bekanntlich hat schon Petrus Damiani über die Frage, welche damals so gut verhandelt wurde wie heute, eine Abhandlung geschrieben; er wählt die Form eines Zwiegesprächs, welches er mit einem Vertreter des Königs führt. Da kommt nun der Letztere nach einigen einleitenden Worten zur Thesis: Ad querelam ergo coram sanctis sacerdotibus deponendam sufficiat nobis dicere: quoniam inthronizastis papam sine consensu domini nostri regis.[1] Also nur für die Inthronisation, nicht schon für die Wahl verlangt er die Zustimmung. Dem entsprechend folgert er gleich darauf: nisi Romani regis assensus accesserit, Romani pontificis electio perfecta non erit. Ihm ist die Zustimmung ein Erforderniss, ohne dessen Erfüllung die Wahl, wenn gleich schon vollzogen, doch noch eine Lücke hat. Das Recht des Königs wird als ein Theil der Wahl aufgefasst; es wird daher im weiteren Verlaufe geradezu als eligere bezeichnet. Der Sinn bleibt aber durchaus „zustimmen". So weist Petrus die Behauptung des königlichen Anwaltes: christianos principes Romanos semper elegisse pontifices, in folgender Weise zurück: perpaucis inveneris in electione sua regium accessisse consensum. Nicht etwa, dass Petrus meinte, die Kaiser hätten nicht einmal ihre

---

[1] Ganz Aehnliches war bei der Wahl Nikolaus II. geschehen; vgl. Lamberti Annal. MG. SS. V. 160. Annal. Altahens. MG. SS. XX. 809.

[2] Discept. synodal. ed. Cajetani III. 53.

Zustimmung gegeben, geschweige denn gewählt. Eine solche Steigerung liegt ihm ganz fern. Indem er aber consentire und eligere als gleichbedeutende Wörter gebraucht, folgt er nur einem Usus, der sich auch sonst nachweisen lässt, nicht bloss in anderen Werken Peters,[1] sondern der Zeitgenossen überhaupt[2]: ich gedachte soeben schon des sehr bezeichnenden Ausdrucks electione regis eligere.[3] Mithin ist durch eligere von vornherein keine weitergehende Forderung ausgesprochen. Aber der Vertreter der königlichen Ansprüche verlangt im Verlaufe des Gespräches doch etwas mehr, als die Zustimmung nach der eigentlichen Wahl. Wie schon bemerkt wurde,[4] sagt Petrus ihm einmal: Dicis non debuisse me pontificem sine consensu regis eligere; und also meint der Anwalt des Königs, die Zustimmung Heinrichs IV. hätte der Wahl vorausgehen müssen. Dieser Wendung entspricht, dass er die Streitfrage am Schlusse formulirt: utrum sine regis assensu Romani pontificis fieri posset electio. Also ohne Genehmigung des Königs soll man gar nicht zur Wahl schreiten können, — offenbar eine Forderung, welche über den als Thesis an die Spitze gestellten Satz: inthronizastis papam sine consensu domini nostri regis, um ein Bedeutendes hinausgeht. Dies vorausgeschickt, komme ich zu der entscheidenden, oft besprochenen Stelle. Der königliche Anwalt sagt: Pater domini mei regis, piae memoriae Henricus imperator, factus est patricius Romanorum, a quibus etiam accepit in electione semper ordinandi pontificis principatum. Huc accedit, quod praestantius est, quia Nicolaus papa hoc domino meo regi privilegium, quod ex paterno iam iure susceperat, praebuit

---

[1] In dem Briefe an Cadalus sagt Damiani: secundo loco jure praebeat clerus assensum, in unserer Schrift heisst es an zweiter Stelle clerus elegit, — hoffentlich kein schlechter Beweis, dass gerade hier eligere auch consentire bedeutet.

[2] Zoepffel a. a. O. 139 ff. 148.

[3] In der angeführten Schrift De papatu Romano finden sich folgende Wendungen: absque electione vel assensu regis eligere; absque electione eligere; se praeter regis licentiam et assensum intromittere; absque electione et assensu regis se intromittere.

[4] Vgl. S. 96 Anm. 2.

et per synodalis insuper decreti paginam confirmavit.[1] Ueber den Sinn der Worte ist viel gestritten worden: nachdem aber im Vorausgehenden gezeigt ist, dass es sich zwischen dem Imperialisten und Papisten immer nur um die Zustimmung handelt, so kann doch auch hier von nichts Anderem die Rede sein. Für mich besteht nur die eine Frage: ob Zustimmung vor oder nach der Wahl, ob Gutheissung des Kandidaten oder des Gewählten. Indem ich diese Frage untersuche, bringe ich zugleich neue Belege, dass in der obigen Stelle eben nur „consensus" gemeint sei: 1) Petrus lässt das Recht des Königs dem Rechte des Patricius gleichstellen. Was aber gilt ihm[2] mit Rücksicht auf die Papstwahl als Recht des Patricius? Mit nackten Worten bezeichnete er dasselbe zur Zeit Heinrichs III.: praeter eius auctoritatem apostolicae sedi nemo prorsus eligat sacerdotem.[3] Es ist ganz dieselbe Forderung, welche jetzt der königliche Anwalt an Petrus gestellt hat: Dicis non debuisse me pontificem sine consensu regis eligere. Also eine Bestätigung des Kandidaten! 2) Nach der Erhebung Alexanders II., wozu der König seine Einwilligung nicht gegeben hatte, d. h. bei derselben Gelegenheit, welche Petrus Damiani zu seiner Disceptatio synodalis veranlasste, erhoben die langobardischen Bischöfe eine Forderung, die nicht allein aus dem Grunde, weil sie sich an dasselbe Ereigniss knüpft, sondern auch wegen der inneren

---

[1] l. c. 55.

[2] Wohlverstanden: ihm. Am deutschen Hofe, glaube ich, hat man vom Patriciat eine viel weitergehende Vorstellung gehabt, als Damiani und seine Landsleute. Ich komme darauf zurück.

[3] Liber gratissimus. Op. ed. Cajetani III. 137. Wie Steindorff Heinrich III. 508 meint, ist die Möglichkeit, dass praeter eius auctoritatem das Gleiche bedeute, wie sine eius consensu, „wenigstens nicht von vornherein ausgeschlossen". Dabei denkt er nicht an eine Zustimmung vor der Wahl. Wer aber sine consensu eligere so fasst, — und mir wenigstens erscheint eben nur diese Fassung zulässig, — kann meines Erachtens in praeter eius auctoritatem gar keinen anderen Sinn finden. Wenn vorausgeht: ad eius nutum sancta Romana ecclesia nunc ordinetur, so wird die Sache dadurch nicht geändert. Denn indem Heinrich genehmigt, dass ein ihm vorgeschlagener, von ihm gebilligter Kandidat gewählt werde, gilt gewiss von ihm: ut ad eius nutum sancta Romana ecclesia nunc ordinetur.

Verwandtschaft höchst geeignet erscheint, die fraglichen Worte des königlichen Anwaltes zu erklären. Bonitho lässt die Bischöfe sagen: eorum dominum, ut haeredem regni, ita haeredem fore patritiatus, et beatum Nicolaum decreto firmasse, ut nullus in pontificum numero deinceps haberetur, qui non ex consensu regis eligeretur.[1] Auch hier ist offenbar das Recht des Patricius dem angeblichen Inhalte des Papstwahldekretes gleichgestellt. Ex consensu heisst aber, wie schon einmal erwähnt: nach Massgabe königlicher Zustimmung.[2] Mit anderen Worten: Gutheissung des noch zu Wählenden. Das aber ist ein Recht von so weitgehender Bedeutung, dass der königliche Anwalt es mit gutem Grund „in electione or-

---

[1] Liber ad amicum ap. Jaffé Bibl. rer. Germ. II. 645.

[2] Aus anderen Stellen des Bonitho scheint allerdings hervorzugehen, dass man eine viel weitergehende Vorstellung vom Patriciat hatte: er lässt den Kaiser einfach die Ernennung vollziehen, ohne dass er einer Vereinbarung mit den Römern oder einer nachträglichen Wahl gedächte. Ein anderes Mal dagegen lässt er ihn im Einverständnisse mit den Römern seine Rechte als Patricius üben und darauf eine förmliche Wahl folgen: Multis precibus et rogatu Romanorum ernennt Heinrich III. den Bruno von Toul; als Bruno in Rom angelangt ist, erklärt man ihm: Haec fuit causa te vocandi, ut te nobis eligeremus pontificem. Vor Allem wichtig ist ja nun für uns, was man sich an der Stelle, die ich im Texte für meine Beweisführung verwerthete, unter Patriciat dachte. Die Verbindung von Patriciat und Wahldekret zeigt schon, dass man nicht der Meinung war, durch das Patriciat solle hier die Wahl ausgeschlossen sein. Entscheidend ist sodann, dass der Gegenpapst Cadalus nach Bonitho gewählt wird a consimilibus fornicatoribus et symoniacis, d. h. von denselben langobardischen Bischöfen, die eben erklärt haben eorum dominum, ut haeredem regni, ita haeredem fore patriciatus. Wie ich nebenbei bemerke, hat Steindorff Heinrich III. I. 509 aus Bonithos Worten: (Henricus) tyrannidem patriciatus deposuit cleroque Romano et populo secundum antiqua privilegia electionem summi pontificatus concessit, den Schluss gezogen, „dass bei Bonitho Patriciat des Kaisers und Recht der Römer, den Papst zu wählen, in contradictorischem Gegensatz zu einander stehen“. Das scheint mir doch nicht ganz richtig: nicht den Papst zu wählen, bildet den Gegensatz, sondern den Papst auf Grund der alten Privilegien zu wählen, d. h. in kanonischer Weise, namentlich ohne Einmischung des Kaisers, ohne seine vorausgegangene Zustimmung.

dinandi pontificis principatus" nennen konnte. Was er verlangt, möchte damit erwiesen sein. Es bleibt die Frage, ob Damiani die Definition des königlichen Rechtes, welche er dem Imperialisten in den Mund legt, in Wahrheit als dem Dekrete gemäss anerkennt. Die gleichlautende Forderung der Langobarden bezeichnet Bonitho einfach als Machination. Nicht so Petrus; er entgegnet vielmehr: Privilegium invictissimo regi nostro ipsi quoque defendimus, et ut semper plenum illibatumque possideat vehementer optamus. Ob er damit aber das Privileg in gleichem Sinne fasste, wie sein Vorredner? ob er dem Könige eine Prüfung des Kandidaten zugestand? Zur Zeit Heinrichs III. hat er es gethan. Darüber lässt die damals von ihm gegebene, oben angeführte Definition keinen Zweifel. Ob aber auch jetzt, nach dem Wahldekrete, mit Bezug auf welches er das obige Zugeständniss macht? Keine andere Stelle deutet darauf hin; der Forderung des königlichen Anwaltes „non debuisse me pontificem sine consensu regis eligere" stellt er bestimmten Widerspruch entgegen; und dass er auch hier, wo er das Privileg anerkennt, doch nur an eine Bestätigung nach der Wahl denkt, zeigt ein Satz noch desselben Abschnittes, in welchem Petrus auf die Forderung seines Gegners antwortet. Kaum hat er das Privileg zugestanden, da sagt er von der Erhebung Alexanders II.: Tunc enim, quando pontificem Romana sibi praefecit ecclesia, tantae simultatis fomes in seditionem cives accenderat, — ut de tam longinquis terrarum spatiis nequaquam regiae clementiae praestolari possemus oraculum. Nisi enim quantocius ordinaretur antistes, perniciosus in populo gladius multis vulneribus desaeviret etc. Also weil die Kardinäle nach geschehener Wahl die Zustimmung des Königs nicht abwarten konnten, so schritten sie auch ohne dieselbe zur Inthronisation. Wie man sieht, drehen sich Peters Gedanken immer noch um die Klage, von welcher auch der königliche Anwalt ausgegangen ist: inthronizastis papam sine consensu domini nostri regis. Auf eine Erörterung über den Inhalt des Privilegs hat er sich nicht eingelassen, so wenig wie auf die Frage nach dem Patriciat: er tritt dem Anwalt des Königs nicht ausdrücklich entgegen, denn er hätte damit eine neue Streitfrage angeregt, während er doch versöhnen wollte. Wenn er dieselbe überhaupt berührt hat, so geschah es aus keinem anderen Grunde, als weil sie damals viel besprochen wurde: ganz konnte Petrus sie nicht übergehen; im Uebrigen leitete er schnell wieder zum Ausgangspunkt der Controverse zurück. Er mag sich wohl erinnert haben, was er selbst unter Heinrich III. eingeräumt hatte.

Nach Allem kann ich nicht finden, Petrus habe weitergehende Zugeständnisse gemacht. Wohl aber lehrt auch sein Werkchen, dass die Imperialisten, vornehmlich gewiss die Italienischen, für welche die gleiche Forderung ja auch Bonitho bezeugt, die früher von ihm selbst anerkannte Zustimmung vor der eigentlichen Wahl verlangten. Zugleich sehen wir — worauf es in diesem Zusammenhang besonders ankommt, — dass Damiani fortan, nur unter anderen Verhältnissen, als die bei der Wahl Alexanders II., dem König gern ein Zustimmungsrecht vor der Inthronisation zugesteht: die eben angeführte Entschuldigung: Nisi quantocius ordinaretur antistes etc. lässt mir darüber keinen Zweifel.

Ganz dasselbe hat Petrus aber um dieselbe Zeit in ausdrücklichen Worten zugestanden: er schreibt an Cadalus, dass nach geschehener Wahl suspendenda est causa, usque dum regiae consulatur auctoritas.[1] Dahin also hat Petrus das Recht des Königs gedeutet; es in dieser Beschränkung mit der kaiserlichen Fassung in Einklang bringen zu wollen, scheint mir ein nutzloses Bemühen. Was aber nach Petrus als königliches Recht gelten muss, eben dasselbe ist es auch beim Kardinal Deusdedit, nur mit dem schon erwähnten Unterschiede, dass Deusdedit es auf eine Bestimmung des Dekrets selbst zurückführt: electio regi notificaretur; facta vero electione et, ut praedictum est, regi notificata, ita demum pontifex consecraretur.[2] Wenn Giesebrecht beide Zeugnisse verwirft, — denn Petrus habe sich hier mit dem Zugeständ-

---

[1] Giesebrecht a. a. O. 164 meint zwischen der ersten und zweiten Aeusserung Damianis habe sich die Lage der Dinge so geändert, dass er auch seine Meinung über das Recht des Königs geändert hätte. Dagegen Waitz in den Forschungen VII. 404.

[2] Vgl. S. 93 Anm. 2.

nisse, welches er früher auf Grund des Wahldekrets gemacht habe, in Widerspruch gesetzt, Deusdedit aber suche die Bedeutung des Dekrets abzuschwächen, — so haben wir den vermeintlichen Widerspruch schon als nicht vorhanden erkannt,[1] und was Deusdedit angeht, so sucht er nicht die Bedeutung des Dekrets abzuschwächen, sondern er stellt seine Rechtmässigkeit ganz und gar in Abrede. Mag Nikolaus die Verfügung getroffen haben, ist sein Gedankengang, Rechtskraft kann sie nicht haben, weil sie den älteren Satzungen zuwiderläuft. Bei solch absoluter Negation konnte es ihm doch wahrlich einerlei sein, ob er ein vorausgehendes oder nachfolgendes Zustimmungsrecht verwarf. Die beiden Angaben behalten also ihre volle Beweiskraft; die kaiserliche Fassung ist mit ihnen unvereinbar: sie wird vollends hinfällig, wenn nun sogar deutsche Bischöfe, die auf Seiten Heinrichs stehen, nichts Weiteres verlangen, als eine nachträgliche Zustimmung. Im Jahre 1076 bezeichnen sie als Erforderniss für ein rechtmässiges Papstthum, wie es aus dem Dekrete Nikolaus hervorgehe: electio cardinalium, approbatio populi, consensus auctoritasque regis. Und wieder im Jahre 1080 berufen sie sich auf das Dekret des Nikolaus, quod si quis sine assensu Romoni principis papari praesumeret, non papa, sed apostata ab omnibus haberetur. Im ersteren Falle ist die Reihenfolge bezeichnend genug, im letzteren ist mit dem Worte papari dasselbe gesagt, dass nämlich nicht schon für die Wahl, sondern erst für die Inthronisation die Zustimmung des Königs nothwendig sei.

Ein anderes Recht, welches in der kaiserlichen Fassung dem Könige eingeräumt wird, ist: mit den Kardinälen zusammen einen Ort zu bestimmen, wenn die Papstwahl in Rom nicht vorgenommen werden kann: ubi cum invictissimo

[1] Ein Widerspruch besteht dagegen — wie ich wiederhole, — zwischen der Definition des Patriciats, die Damiani unter Heinrich III. gegeben hat, und seiner besprochenen Erklärung in der Disceptatio synodalis, bezüglich in seinem Briefe an Cadalus. Aber zwischen der ersteren und den beiden letzteren liegt das Wahldekret.

rege congruentius iudicaverint. In dem päpstlichen Wortlaut fehlt die Bezugnahme auf den König. Auf welcher Seite die Fälschung zu suchen ist, kann nach dem ganzen Zusammenhange nicht mehr zweifelhaft sein: gerade hier ist ja schon die eine Fälschung dargethan, auch hier sind ja die Kardinalbischöfe durch die Kardinalkleriker ersetzt worden. Nur an und für sich, von dem Uebrigen losgelöst, werden die Worte cum invictissimo rege nicht als Fälschung nachzuweisen sein.[1]

---

[1] Noch Eins will ich hier bemerken. Schon S. 71 wurde gezeigt, dass unser Dekret vielfach einen apologetischen Charakter habe, sowohl in den bestrittenen, als in den unbestrittenen Theilen. Die Wahl soll nicht mehr, wie bisher, auf Rom beschränkt sein: Nikolaus war in Siena gewählt. Der Gewählte braucht nicht mehr Mitglied der römischen Kirche zu sein: Nikolaus war Bischof von Florenz Die Kardinalbischöfe sollen die eigentlichen Wähler sein: thatsächlich verdankt Nikolaus ihnen seine Erhebung. Nun aber war Nikolaus — um in gleicher Richtung fortzufahren, — vor seiner Erwählung vom deutschen Hofe bestätigt. Darüber lassen Lambert. M. G. SS. V. 160 und die Annal. Altahens. M. G. SS. XX. 809 wohl keinen Zweifel. Man könnte weiterhin annehmen, auch über den Wahlort, also Siena, sei mit dem deutschen Hofe verhandelt worden. Würde da die kaiserliche Fassung nicht auch eine Apologie sein? Wenigstens nicht nach beiden Seiten; denn nicht in der Mitwirkung des Kaisers bei der Wahl des Ortes lag das Unkanonische, sondern im Orte an und für sich. Was aber die Bestätigung des Kandidaten betrifft, die dem neuen Papste allerdings eine Art nachträglicher Rechtfertigung gegeben hätte, so ist wohl zu bedenken, dass die Wähler Nikolaus II. aus keinem anderen Grunde eine Bestätigung ihres Kandidaten zu erwirken suchten, als weil sie mit einem schon vorhandenen Gegenpapste zu rechnen hatten, der ohne die Gunst der königlichen Regierung nicht gestürzt werden konnte. Wie wenig man geneigt war, die Bestätigung des Bischofs von Florenz als des demnächstigen Papstes zu einem Präcedenzfalle zu machen, beweist wohl der Umstand, dass man im Sinne der päpstlichen Fassung schon bei Stephan X. verfahren war und wieder bei Alexander II. verfahren wollte, also beim nächsten Vorgänger und nächsten Nachfolger Nikolaus II. Stephan wurde nach seiner Wahl bestätigt — Annal. Altah. l. c. — und betreffs Alexanders erklärt Damiani, — vgl. S. 101 — dass man wenigstens gern die königliche Zustimmung für den Gewählten abgewartet haben würde, wenn die Zeitumstände es nur erlaubt hätten.

DIE VERMITTLUNG DES KANZLERS WIBERT.

Nach Hinschius[1] kann es keinen Vorzug der päpstlichen Fassung begründen, dass die Worte: mediante eius nuntio Langobardiae, cancellario Wiberto, darin ausgelassen sind. Denn die kirchliche Partei habe jedenfalls mehr Interesse gehabt, den Namen des schismatischen Papstes, der Wibert ja nachmals geworden ist, aus dem Dekrete zu beseitigen, als umgekehrt die kaiserliche, denselben hinein zu setzen. Die gerade entgegengesetzte Ansicht hat Usinger[2] ausgesprochen: „Hier gebe ich dem Texte, in dem jene Worte fehlen, um so mehr den Vorzug, als die kirchliche Partei wohl ein Interesse haben konnte, das Dekret durch die Nennung des verhassten Schismatikers zu verunzieren, während in der königlichen doch zur Zeit, da die Fälschung erfolgt sein muss, Wibert ein grosses Ansehen genoss, eine gewisse Führerstelle einnahm".

Indem ich gestehe, dass mir die Begründung Usingers nicht ganz verständlich geworden ist, muss ich doch seine Meinung, dass die fraglichen Worte hineingefälscht sein, durchaus zur meinigen machen. Für beide Parteien empfahl es sich, auf Wibert verweisen zu können. Die päpstliche konnte erklären, dass die Beschränkung, welche das königliche Recht, gegenüber den früheren Zuständen, doch jedenfalls erfahren habe, sogar von dem nunmehrigen Haupte der kaiserlichen gebilligt sei; die kaiserliche aber mochte be-

---

[1] Kirchenrecht I. 253.

[2] Gött. Gel. Anz. 1870. I. 133.

tonen: was an Rechten dem Kaiser bestätigt sei, eben dafür sei ihr Führer Wibert selbst Zeuge. Um es mit Bezug auf Unechtheit oder Echtheit zu formuliren: die päpstliche Partei wäre recht ungeschickt gewesen, wenn sie die Erwähnung Wiberts unterschlagen hätte, während die kaiserliche ihr Recht zu stärken meinte, indem sie Wiberts Namen hinzufügte.[1]

Aber kann Wibert überhaupt Vermittler gewesen sein? Sehr gut, sofern es auf die Zeit ankommt, denn Wibert war kurz vor Erlass des Dekretes mit dem Papst in Sutri zusammen.[2] Dagegen scheint die angebliche Vermittlerrolle zu anderen Momenten in krassem Widerspruch zu stehen.

Welcher der beiden Fassungen man auch den Vorzug geben mag, — das Recht des Königs als Patricius ist beseitigt, d. h. die einfache Ernennung des Papstes, wie Heinrich III. sie vorgenommen hatte. Zwar hat nun Bonitho behauptet, Heinrich III. habe 1055 auf den Patriciat verzichtet; doch seine Erzählung wird allgemein als tendenziöse Erfindung anerkannt.[3] Was der Vater geübt, verlangte auch der Sohn. Die langobardischen Bischöfe erklären: Heinricum, ut

---

[1] Wenn Waitz in den Forsch. VII. 406 meint, die Frage nach der Vermittlung des Kanzlers „sei an sich unerheblich“, so kann ich ihm durchaus nicht beipflichten: die ganze Kirchenpolitik des deutschen Hofes wird, je nachdem der Reichskanzler verhandelt und dann auch zugestimmt hat, oder der Papst ohne vorausgegangene Verhandlung und Zustimmung das königliche Recht festsetzt, eine sehr verschiedene Würdigung erfahren müssen.

[2] Bonitho 642.

[3] Zoepffel Papstwahlen 87 sucht die Behauptung Bonithos 636: (Heinricus III.) tyrannidem patritiatus deposuit durch die Annahme zu retten, dass Bonitho nicht sagen wolle, Heinrich hätte den Patriciat überhaupt aufgegeben, sondern nur dessen Tyrannis, welche in der einfachen, die römische Geistlichkeit und das römische Volk nicht berücksichtigenden Ernennung des Papstes bestanden habe. Dass die Meinung Bonithos dahin nicht gegangen sei, beweisen seine ganz entsprechenden Bemerkungen S. 629: civitatem a patritiorum liberavit tyrannide, tirannidem patritiatus arripuit: die Tyrannis des Patritiats ist bei Bonitho ein stehender Begriff. Was Zoepffel anderweitig zur Bestätigung seiner Interpretation beibringt, scheint mir doch von einiger Gezwungenheit nicht frei zu sein.

haeredem regni, ita haeredem patriciatus esse; und Petrus Damiani lässt einen Imperialisten sagen, dasselbe Recht des Patriciats, welches dem Vater zugestanden, habe der Sohn ererbt. Freilich ist in den beiden Sätzen das Dekret Nikolaus II. als eine Bestätigung des Patriciats gedeutet: wir haben da die Auffassung der Italiener, deren einige die Wahlordnung selbst unterzeichnet hatten. Am deutschen Hofe hat man gewiss den Patriciat in anderem Sinne gefasst: die Ernennung des Cadalus, die Heinrich IV. eben als Patricius vornimmt, liefert den Beweis. Wie aber will man mit der von deutscher Seite erhobenen Forderung, welche dann auch durch die Uebertragung des Papstthums auf Cadalus bethätigt wird, die Vermittlerrolle des Wibert in Einklang bringen, d. h. wie sollte der deutsche Hof seine Zustimmung zum Dekrete gegeben haben?

Ex paterno iam iure erhebt Heinrich oder vielmehr für ihn die Regentschaft den Anspruch auf den Patriciat. In beiden Urkunden wird das Recht, welcher Art es nun auch sei, eben nur Heinrich zugesprochen und denjenigen seiner Nachfolger, denen Rom dasselbe für ihre Person bewilligen will. Von einer Vererbung, die Heinrich für sich geltend macht, soll keine Rede sein. Ich denke: wenn man auch annehmen will, der deutsche Hof habe auf das bisherige Ernennungsrecht verzichtet, — das noch übrig gebliebene Recht wird er doch wenigstens dem Reiche gesichert haben; — er wird nicht die Hand dazu geboten haben, dessen Verleihung oder auch Vorenthaltung ganz in das Belieben des Papstes zu stellen.[1] Mit anderen Worten: der Reichskanzler Wibert ist nicht der Vermittler gewesen.

---

[1] Thatsächlich beruft Heinrich sich auf den Patritiat als ein ihm vom Vater zustehendes oder von Gott verliehenes Recht auch noch in viel späterer Zeit. 1076 sagt er: Urbis mihi patritiatus d e o t r i b u e n t e et iurato Romanorum assensu debetur. M. G. LL. II. 46; offenbar den Patriciat meint er doch auch, wenn er 1081 den Römern schreibt, ut d e b i t a m e t h e r e d i t a r i a m dignitatem — a vobis accipiamus, und wenn er 108½ dieselben bittet, ihm nicht vorzuenthalten: p a t e r n u m honorem nobis a vobis transmissum per patris manum. Jaffé Bibl. rer. Germ. V. 139. 501. Dieselbe Anschauung vertritt dann

Ein von Damiani geschilderter Vorgang bietet eine weitere Widerlegung. Aus seiner Erzählung wissen wir, dass die neue Wahlordnung, — mag man sich auch nach einem Menschenalter, unter ganz anderen Verhältnissen von kaiserlicher Seite auf dieselbe gestützt haben, — doch bei ihrem Erscheinen einen Sturm der Entrüstung am deutschen Hofe hervorgerufen hat. Der Kardinal Stephan war zur Kaiserin geschickt, die Akten des Conzils zu überbringen;[1] trotz fünftägigen Harrens erlangte er keine Audienz: clausum itaque signatumque mysterium[2] concilii cuius erat gerulus retulit. Wenn aber der Ueberbringer mit Unwillen zurückgewiesen wurde, wenn das Dokument nicht einmal angenommen wurde, dann wird man doch nicht zugeben können, dass der Kanzler Wibert die angebliche Vermittlerrolle gespielt habe. Jedenfalls nicht anders, als unter der sehr unwahrscheinlichen Annahme, entweder habe der Kanzler seine Competenz überschritten oder die Kurie den Abmachungen entgegengehandelt.

---

auch Benzo VII. 2. — decretum est, ut rex Heinricus cum universis in monarchia imperii sibi succedentibus fieret patricius.

[1] Discept. synod. 64. 65. Dass es sich dabei um die Akten eben des Concils von 1059 handelt, zeige ich in der 1. Beilage.

[2] mysterium ist unserem Gewährsmann, dem Petrus Damiani, jedes Heilige oder Ehrwürdige, — nur um ein Beispiel anzuführen: sogar die Enthaltsamkeit in ehelichem Verkehr. Ep. VII. 14. Uebrigens ist es irrig, wenn Hefele Conziliengesch. IV. 847. 2. Aufl. sagt, Petrus habe den Terminus von seinem „ghibellinischen Opponenten" übernommen: dieser hat vorher nicht gesagt: mysterium sinodalis decreti, sondern sinodalis decreti pagina.

ÜBER DEN URSPRUNG DER FÄLSCHUNG.

Als man im Jahre 1076 mit dem Gedanken umging, an Stelle Gregors einen neuen Papst zu wählen; als Heinrich den Kardinälen befohlen hatte, über die Berge zu kommen, um sich in Deutschland ein Oberhaupt zu geben,[1] — in diesem Zeitpunkt, meint Giesebrecht,[2] sei die Fälschung entstanden. Damals haben sich die deutschen Bischöfe, welche in einem eigenen Schreiben Gregor den Gehorsam kündigten, auf die Wahlordnung berufen: id statutum et decretum est, ut nullus unquam papa fieret, nisi per electionem cardinalium et approbationem populi et per consensum auctoritatemque regis.[3] Die Wahl der Kardinäle ist das wesentlichste Argument Giesebrechts. „Auf das echte Dekret, welches nur den Kardinalbischöfen ein Privileg bei der Wahl einräumte," hätten sich weder die Bischöfe gestützt, da sie sich auf die „Wahl der Kardinäle" beriefen, noch hätte sich der König stützen können, „wenn er mit den nach Deutschland gekommenen Kardinälen die neue Papstwahl vornehmen wollte". In dem „nur" liegt der Irrthum Giesebrechts; wie wir schon sahen, hat er ganz mit Unrecht, den Antheil der einfachen Kardinäle verdächtigt und ausgeschieden. Hier sind natürlich unter den Kardinälen sowohl die Kardinalbischöfe als die Kardinalkleriker gemeint: beide Kategorien verlangt das echte Dekret als

---

[1] Bonitho 666.

[2] a. a. O. 170

[3] M. G. LL. II. 45. Jaffé Bibl. rer. Germ. V. 105.

Faktoren der Wahl. Und dass die Kirchenfürsten sich auf dieses beziehen, nicht auf das gefälschte, lehrt die geflissentlich hervorgehobene Zustimmung des Volkes,[1] welches durch die Fälschung zurückgedrängt war, lehrt die Zustimmung des Königs, die nach der ihr angewiesenen Stellung, nämlich am Schlusse, doch als Zustimmung zur schon geschehnen Wahl zu fassen ist: die Fälschung giebt dem Könige ein Zustimmungsrecht vor abgeschlossener Wahl.

Wir haben noch eine zweite, so zu sagen officielle Berufung auf das Wahldekret. Da die Bischöfe, welche 1080 in Brixen versammelt waren, zur Absetzung Gregors schritten, um nun wirklich einen neuen Papst zu wählen, bezeichneten sie als Inhalt der Verfügung Nikolaus II.: quod si quis sine assensu Romani principis papari praesumeret, non papa sed apostata ab omnibus haberetur.[2] Der Ausdruck „papari" scheint mir keinen Zweifel zu gestatten, dass auch damals die Bischöfe sich eben nur auf die echte Fassung bezogen. Niemand soll ohne Zustimmung des Königs als Papst handeln: nicht also schon für die Wahl, sondern erst für den Antritt des Amtes wird die königliche Zustimmung verlangt. Die kaiserliche Fassung, wie wir sahen, erhebt weitergehende Ansprüche.

In unmittelbarem Anschluss — eben auch zu Brixen — folgte die Erhebung Wiberts der Absetzung Gregors. Also vor der Erhebung Wiberts hat die königliche Partei die Fälschung nicht benutzt oder auch nicht gekannt. Nach Waitz[3] wäre sie überhaupt noch nicht vorhanden gewesen. Seine Meinung ist, dass das Dekret verfälscht worden sei, gerade um die Wahl Wiberts zu rechtfertigen. Vor Allem scheint ihn bestimmt zu haben, dass das römische Volk, nämlich Geistlichkeit und Laien, über deren Recht die Fälschung hinweggeht, thatsächlich bei der Wahl Wiberts nicht in Betracht gekommen sei. Das ist indess keineswegs so sicher,

[1] Vgl. Saur in der Hist. Ztschr. XVII. 106.
[2] M. G. LL. II. 52 Jaffé l. c. 134.
[3] Forsch. VII. 409.

wie Waitz meint: zwei päpstliche Autoren[1] betonen allerdings, dass jede Zustimmung der Römer gefehlt habe, aber ein kaiserlicher, der in Brixen anwesend war, behauptet das Gegentheil.[2] Jedoch wenn auch die Zustimmung der wenigen Römer, welche für den Fall, dass die Wahl in Rom selbst nicht vorgenommen werden könne, nach dem echten Dekrete genügen sollte, — wenn auch diese Zustimmung gefehlt hat, so steht doch dem einen Punkte, in welchem die kaiserliche Fassung geeignet war, das Papstthum Wiberts zu rechtfertigen, ein anderer entgegen, in welchem die Ungesetzlichkeit der Brixener That keineswegs durch unsere Fälschung ausgeglichen wurde; ja es besteht ein offener Widerspruch zwischen dieser und jener, und zwar wird derselbe durch einen Satz begründet, an welchem eben eine der Aenderungen vorgenommen ist. Wenn die päpstliche Fassung bestimmt, bei einer Wahl ausserhalb Roms sollte die Zustimmung auch weniger Römer genügen, so die kaiserliche, in solchem Falle sei die Wahl auch nur weniger Kardinäle hinreichend. Danach ergiebt sich von selbst: die Brixener That ist durch die Fälschung gerechtfertigt, — vorausgesetzt, dass mindestens „wenige Kardinäle" daran theilnahmen. Zu Brixen war aber nur ein einziger Kardinal; und ich kann doch nicht mit Waitz sagen: „in dem licet pauci sint liegt am Ende auch die Möglichkeit, dass es nur Einer sei". Wofern man fälschte, um dem Papstthum Wiberts eine legale Grundlage zu geben, musste man darauf bedacht sein, die Erhebung Wiberts mit der Anwesenheit auch nur Eines Kardinals in Uebereinstimmung zu bringen. Ueberdies wurde Wibert gar nicht gewählt, vielmehr hat ihn Heinrich ernannt.

Vor Allem glaube ich nicht, dass die Fälschung aus Regierungskreisen hervorgegangen ist. Wie man in denselben auch das königliche Recht gefasst haben mag, — sowohl während der Minderjährigkeit, als der selbständigen Herr-

---

[1] Bonitho 676. Vita Anselmi M. G. SS. XII. 18.

[2] Quibus erant inmixiti de senatoribus Romanis insignes legati etc. Benzo M. G. SS. XI. 656. Ueber Benzos Anwesenheit in Brixen vgl. Giesebrecht Kaiserzeit III. 1153.

schaft Heinrichs IV. galt dasselbe als ein erbliches, nicht als ein bloss persönliches. Der königliche Anwalt, den Damiani im Jahre 1062 mit einem Papisten streiten lässt, erhebt seine Forderung, wie schon bemerkt,[1] „auf Grund des Erbrechtes", und Heinrich IV. selbst steht noch in den Jahren 1076 und 1082 auf ganz demselben Standpunkt: das eine Mal bezeichnet er den Patriciat als ein „Geschenk Gottes", das andere Mal als seine „ihm vom Vater überkommene Ehre".[2] Solchen Anschauungen entsprach aber die kaiserliche Fassung ebenso wenig als die päpstliche, denn in beiden ist das königliche Recht als ein lediglich persönliches verliehen: jedem einzelnen Herrscher muss es aufs Neue für seine Person zugestanden werden.[3]

Schon danach möchte ich den Ursprung der Fälschung nicht in Regierungskreisen suchen; nehmen wir hinzu, dass Heinrich immer bereit ist, dem römischen Klerus und Volke einen freilich von ihm nicht näher charakterisirten Antheil zu gewähren,[4] dass aber die Fälschung Klerus und Volk von der Wahl zurückdrängt, so wird wohl jeder Verdacht vom deutschen Hofe genommen sein, vornehmlich von der Person Heinrichs.

Ja, ich glaube nicht einmal, dass der deutsche Hof sich an dem, doch immerhin sehr weit gehenden Rechte, welches die Fälschung dem Könige einräumte, genug sein liess: Heinrich IV. hat — wie mir scheint — Nichts von einer Wahl

---

[1] Vgl. S. 99 Anm. 1.

[2] S. die Belege S. 107 Anm. 1.

[3] Freilich ist auch das Kaiserthum, das man doch persönlich erwerben muss, erblich und von Gottes Gnaden; aber es besteht der Unterschied, dass das Kaiserthum, eben weil erblich und von Gottes Gnaden, dem deutschen Könige nicht vorenthalten werden kann, dass in unseren Urkunden aber von einem Rechte die Rede ist, dessen Verleihung im Belieben des Papstes stehen soll.

[4] Im Jahre 1076 schreibt Heinrich an Geistliche und Laien Roms: alium communi omnium episcoporum et vestro consilio a nobis electum in apostolicam sedem recipietis. M. G. LL. II. 46. Und 108¹/₂ (Gregorius) vestro iudicio et canonum auctoritate privari debet iniuste possessa dignitate. Nihil sine vobis, omnia vobiscum agere parati sumus. Jaffé Bibl. rer. Germ. V. 501.

wissen wollen, er hat vielmehr die Ernennung in Anspruch genommen. Volk und Klerus mögen bei der Erhebung mitwirken, aber im Wesentlichen ist sie doch sein Werk. So wird nicht bloss Cadalus der Nachfolger des hl. Petrus,[1] sondern auch noch Wibert;[2] und im Jahre 1076 schreibt Heinrich an die Römer: alium communi omnium episcoporum et vestro consilio a nobis electum in apostolicam sedem recipiatis.[3]

Ob nun die Bischöfe, indem sie sich auf das echte Dekret beriefen, bescheidenere Forderungen erhoben, als der Kaiser und seine nächsten Räthe, denen nicht einmal die doch weitgehenden Rechte des unechten genügten? Man wird nicht gerade anzunehmen brauchen, sie hätten sich mit dem Hinweise auf die päpstliche Fassung auch zu deren Vertreter gemacht; möglicher Weise wollten sie Hildebrand nur bedeuten, dass er sich um seine eigenen Gesetze nicht kümmere: als sie ihm zum zweiten Male das Dekret ins Gedächtniss riefen, ebenda liessen sie es geschehen, dass der Kaiser die Ernennung eines neuen Papstes vollzog.[4]

Wie aber auch immer, — die Bischöfe, welche sich

---

[1] Nach den annal. Altahens. ad 1063 hat Cadalus gesagt, se pastorem dominici gregis iure habendum utpote a rege Romano scilicet patritio electum et constitutum.

[2] Nur hier und da erscheint die Erhebung Wiberts in der Form einer von den Bischöfen vollzogenen Wahl, meist aber als ein Werk Heinrichs: sibi in papam elegit. Bernold. M. G. SS. V. 436. — facit papam. Marian. ibid. 562. — in papam elevat. Vita Anselmi c. 19. — in apostolatum promovit. Wido Ferrar. c. 20. — papam designat. Sigebert. M. G. SS. VI. 364. — errexit Guibertum. Paul. Bernried. c. 108. — elegit sibi rex Heinricus Bonitho 676. Wenn derselbe später S. 681 fragt, wie der Kardinal Hugo Guibertum papam potuit eligere? so hat eligere hier wohl nur den Sinn von laudare. Dazu stimmt, dass es in der Vita Anselmi c. 19 von Hugo mit Bezug auf Wibert heisst: parricida laudat parricidam.

[3] M. G. LL. II. 46.

[4] Wie man auch über deren Werth denken mag, immerhin ist die Stelle in Mag. Manegaldi Contra Wolfelmum ap. Muratori Anecdota IV. 203 doch von hohem Interesse: saepe clamare non erubuistis: „Non habemus pontificem, nisi caesarem!“ — petiistis virum homicidam donari vobis, Wibertum scilicet.

um Heinrich versammeln, kennen nur die päpstliche Fassung; Heinrich und seinen Ministern ist selbst mit der kaiserlichen nicht genug gethan; — es fehlt an jeder officiellen Bezugnahme auf unsere Fälschung.

Kardinal Deusdedit hat den Gegenpapst Wibert und seine Anhänger als die Fälscher bezeichnet, aber wie schon bemerkt wurde, ist die Erhebung Wiberts lediglich ein Werk Heinrichs gewesen, sie war keine Wahl, geschweige denn eine Wahl mindestens „einiger Kardinäle", denn zu Brixen war überhaupt nur ein einziger Kardinal anwesend.[1] Zudem wissen wir jetzt durch eine scharfsinnige Forschung E. Bernheims, dass die Wibertisten ihr Oberhaupt in viel treffenderer Weise zu rechtfertigen wussten. Die schmiedeten eine andere Fälschung, in welcher Heinrich einfach das zu Brixen ausgeübte Recht zuerkannt ward, nämlich die Ernennung.[2]

Wenn man an eine praktische Verwerthung dachte, als unser Dokument gefälscht wurde, so kann meines Erachtens das Ziel ein zwiefaches gewesen sein. Einmal mag es sich lediglich darum gehandelt haben, die Ungesetzlichkeit eines Papstthums zu erweisen, dessen Träger in anderen Formen erhoben war, als sie in der Fälschung vorgeschrieben sind; dann aber mochte auch eine in Aussicht genommene Neuwahl, wie man sich eine solche wünschte oder beabsichtigte, durch die kaiserliche Fassung begründet werden sollen.

Um mit der letzteren Möglichkeit zu beginnen, so sage ich: eine noch bevorstehende Wahl, denn für die schon vollzogene Erhebung Wiberts bedurfte es — wie erwähnt — anderer Rechtfertigungsmittel. Und da empfiehlt sich doch die Vermuthung Giesebrechts, deren oben gedacht wurde, nur mit dem nun selbstverständlichen Unterschiede, dass die

---

[1] Dazu giebt er als Inhalt des Dekretes etwas ganz Anderes an, als in der kaiserlichen Fassung gemeint ist: mit dieser Inhaltsangabe stimmt vielmehr die echte Fassung. Vgl. S. 102 Weiter ist es verkehrt, wenn er die Wibertisten namentlich für die grausamen Fluchworte verantwortlich macht. Vgl. S. 44 Anm. 1.

[2] Das unechte Dekret Hadrians I. im Zusammenhange mit den unechten Dekreten Leos VIII. als Dokumente für den Investiturstreit. Forsch. XV. 618 ff.

Fälschung keinen offiziellen Charakter hat, dass die deutschen Bischöfe, welche im Jahre 1076 Gregor den Gehorsam kündigten, sich nicht auf dieselbe berufen haben. Zur Zeit als Heinrich die Kardinäle zu sich beschied, um mit ihnen über einen neuen Papst in Unterhandlung zu treten, eben da könnte man geglaubt haben, es würde nun eine Wahl im Sinne unseres Dekretes zu Stande kommen: dasselbe wäre dann bestimmt gewesen, eine Direktive und zugleich eine Rechtfertigung für die bevorstehende Wahl zu werden. Die Kardinäle kamen nicht, — die Fälschung hatte ihren Zweck verfehlt. Natürlich wäre es nach den weitergehenden Forderungen des deutschen Hofes, die ich entwickelt habe, ja auch noch immer zweifelhaft gewesen, ob er sich auf den ihm empfohlenen Wahlmodus eingelassen hätte.

Was die andere Vermuthung betrifft, so war schon zur Zeit, da Alexander II. vom deutschen Hofe noch nicht anerkannt war, gegen ihn der Vorwurf erhoben, er sei nicht gewählt nach Massgabe unseres Dekretes, nicht ex consensu regis; und ebenso bemühte man sich, Gregor VII. so zu sagen den Boden unter den Füssen zu entziehen, indem man auch gegen ihn einwandte, er sei nicht ex consensu regis gewählt, d. h. im Widerspruch zur Verfügung Nikolaus II. Die darin enthaltene Forderung liess sich nun allerdings auch mit den deutungsfähigen Worten der päpstlichen Fassung in Einklang bringen; und thatsächlich möchte man Alexander II. noch nicht mit unserer Fälschung bekämpft haben; aber als nach der ersten Absetzung Gregors VII., seit dem Jahre 1076, die Frage wieder auftauchte, als sie wohl lebhafter und gewiss nachhaltiger besprochen wurde, da könnte man das Bedürfniss empfunden haben, nun der Forderung, welche durch die päpstliche Fassung nicht ausgeschlossen, aber auch nicht anerkannt war, einen bestimmteren Ausdruck zu geben.

Der weitere Zweck der Fälschung, welcher ja zu Tage liegt, bedarf keiner nochmaligen Erörterung; nur auf zwei Punkte meine ich in diesem Zusammenhange näher eingehen zu sollen. Dass der lediglich zustimmenden Geistlichen und Laien nicht gedacht sei, glaubte ich in meiner Einleitung, wenigstens nicht ohne Weiteres auf kaiserliche Tendenz beziehen zu können: eben nur dann würde die sonst durchgehende Absicht, dem Kaiser möglichst weiten Spielraum zu gewähren, durch die Uebergehung der römischen Massen gefördert werden, wenn sich im Besonderen zeigen liesse, dass die Römer zur Zeit, da die Wahlordnung gegeben wurde, eine Deutschland feindliche Haltung einnahmen. Das war nicht der Fall im Jahre 1059, dem angeblichen Jahre unseres Dekrets, um so mehr aber seit dem Jahr 1076. Wäre die Fälschung damals entstanden, so würde auch die Uebergehung des Volkes ganz zu der sonstigen Tendenz der Fälschung passen, nämlich die kaiserlichen Interessen zu fördern. Dem gleichen Zweck dient, wie ich bemerkte, die Ersetzung der Kardinalbischöfe durch die Gesammtheit der Kardinäle, denn aus einer Masse liesse sich eher eine kaiserliche Partei gewinnen, als aus einem Häuflein. Nun, da wir im Laufe der Untersuchung dieselbe Fälschung, die hier auf kaiserlicher Seite vorgenommen wurde, auch auf kirchlicher nachgewiesen haben; da wir die Kardinalkleriker in erfolgreicher Concurrenz mit den Kardinalbischöfen fanden, so mag unser Fälscher, indem er die Letzteren um ihr Vorrecht betrog, doch auch den Zweck verfolgt haben, die Ersteren durch Anerkennung Dessen, was sie erstrebten, für seine Fälschung zu gewinnen: auf kirchlicher Seite ist die Fälschung zu Gunsten der Kardinalkleriker aber jedenfalls noch vor dem Tode Gregors VII. entstanden.

Um das Jahr 1084 finden wir den ersten Hinweis auf unsere Fälschung;[1] aus dem Ende des 11. Jahrhunderts haben wir die erste Abschrift, nämlich in dem Register von Farfa, welches Gregor von Catina im Jahre 1099 beendigte; nicht viel später, möglicherweise noch früher entstanden andere Copieen.

Die ältesten und meisten Ueberlieferungen stammen aus Italien; bei Italienern finden wir vor Allem die Forderung, der Papst müsse ex consensu regis gewählt werden; und von Italienern mag man auch am Ehesten glauben, dass sie einen Wahlmodus, wie er in der Fälschung vorgesehen ist, dem deutschen Hofe empfehlen konnten.

[1] In der Abhandlung De papatu Romano, worüber man die 4. Beilage vergleiche.

BEILAGEN.

I. DIE SENDUNG DES KARDINALS STEPHAN.

Petrus Damiani erzählt: Stephanus cardinalis presbyter apostolicae sedis, vir videlicet tantae gravitatis et honestatis nitore conspicuus, tantis denique, sicut non obscurum est, virtutum floribus insignitus, cum apostolicis litteris ad aulam regiam missus, ab aulicis administratoribus non est admissus, sed per quinque fere dies, ad beati Petri et apostolicae sedis iniuriam, prae foribus mansit exclusus. Quod ille utpote vir gravis et patiens aequanimiter tulit; legati tamen officium, quo fungebatur, implere non potuit. Clausum itaque signatumque mysterium, concilii, cuius erat gerulus, retulit, quia regis eum praesentari conspectibus curialium plectenda temeritas non permisit.[1]

Die Frage ist, welches Concil gemeint sei? Man hat behauptet: das vom Januar 1061.[2] Eine genauere Prüfung des Zusammenhanges, in welchem die angeführten Worte sich finden, wird zu einem anderen Ergebniss führen. Petrus kämpft mit einem Imperialisten über das Mass der Befugnisse, welche dem Kaiser bei Besetzung des päpstlichen Stuhles zuständen. Mehrfach bezieht er sich auf das Wahldekret, welches auf dem Concil im April 1059 gefasst ist: noch kurz vorher bemerkt er: synodalis enim decreti pagina, quam cum concilii totius assensu beatus Nicolaus papa constituit.[3] Von

---

[1] Discept. synod. Opp. ed. Caietani III. 64. 65.
[2] Lindner Anno der Heilige 103.
[3] Discept. synod. l. c. 62.

einem anderen Concil, von einem anderen Dekret ist in der ganzen Schrift keine Rede; und nun soll jenes mysterium concilii, welches Kardinal Stephan überbringt, doch nicht das Dekret des Concils vom April 1059 sein! Die Verkehrtheit der Annahme liegt für mich zu Tage.[1]

Wenn aber das Concil vom April 1059 gemeint ist, dann wird man über die Zeit, in welcher der Kardinal Stephan entsandt wurde, kaum noch streiten können. Seine Mission gehört in die nächsten Monate.

Anderer Ansicht ist Giesebrecht,[2] der aber ganz ausser Acht gelassen hat, dass der Kardinal Concilsakten überbrachte: er lässt ihn aus Frankreich, wo er mehrere Sinoden gehalten hatte, nach Deutschland kommen. Sollte man wohl Jemand, der in Deutschland wichtige Schriftstücke auszuhändigen hat, über Frankreich schicken und zwar mit der Weisung, dort erst die kirchlichen Angelegenheiten zu ordnen? Und wäre es, — weder ist in den nächsten, der Reise vorausgehenden Monaten ein Concil gehalten, noch bleibt dem Kardinal Zeit, von Frankreich aus an den deutschen Hof zu gehen. Sein Itinerar ist nämlich: 1060 Januar 16. Florenz,[3] Januar 31. Vienne,[4] März 1. Tours,[5] April 19. Rom.[6] Wenn der Raum zwischen März 1. Tours und April 19. Rom allenfalls einen Aufenthalt in Deutschland zulässt, so doch nur im Westen; der königliche Hof aber befand sich damals in Ost- und Mitteldeutschland: 1060 Februar 8. Bamberg,[7] März 26. Halberstadt,[8] April 13. Goslar.[9]

---

[1] So auch Hefele Conciliengesch. IV. 781 2. Aufl. Was Will Anfänge der Restauration II. 172 dagegen bemerkt, beruht auf der falschen Voraussetzung, Nikolaus habe später sein Dekret abgeändert, und diese neue Fassung sei es gewesen, welche der Kardinal überbringen sollte. Vgl. auch Weizsäcker a. a. O. 518 Anm.

[2] Kaiserzeit III. 69. 1092.

[3] Jaffé Reg. 3350.

[4] Mansi Coll. conc. XIX. 925.

[5] Mansi l. c.

[6] Jaffé Reg. 2255

[7] Stumpf no. 2583.

[8] Annal. Altah. ad. 1060. Gest ep. Halberst. M. G. SS. XXIII. 96.

[9] Stumpf no. 2584.

Aber haben wir nicht etwa zwei Kardinäle Namens Stephan zu unterscheiden? Ich werfe die Frage auf, nicht so sehr wegen der Möglichkeit, dass ein anderer Stephan nach Deutschland, ein anderer nach Frankreich gegangen sei, sondern weil sich sonst noch zahlreiche Berichte finden, von denen es zweifelhaft würde, auf welchen Stephan sie zu beziehen sind, wenn es deren zweie giebt.

In der That hat man es nicht bei einem Stephan bewenden lassen. Zuletzt hat noch Neukirch[1] von zwei Kardinälen des Namens geredet und seine Meinung auch zu begründen versucht. Gehen wir davon aus, dass zwei Urkunden Nikolaus II. unterzeichnet sind von einem Kardinalpriester Stephan tituli sti Chrysogoni.[2] Dieser Stephan nun, sagt man, könne nicht jener Stephan sein, den schon Leo IX. zum Kardinal ernannt habe,[3] denn noch unter Victor II., dem Nachfolger Leos IX., heisse der Kardinalpriester vom Titel des hl. Chrysogonus: Friedrich.[4] Aber wer unter Nikolaus II. den höheren Rang eines Kardinalpriesters trug, wie unser Stephan, kann unter den zunächst vorausgegangenen Päpsten ja recht gut nur Kardinaldiakon gewesen sein. Die Geschichte des genannten Friedrich bietet ein Analogon.[5] Ferner wird darauf hingeweisen, dass neben dem Stephan vom Titel des hl. Chrysogonus ein Stephan vom Titel des hl. Petrus ad vincula erscheine. Das ist nicht richtig. In drei französischen Schriftstücken begegnet ein beati Petri cardinalis Stephanus,[6] Stephanus Petri apostolorum principis et sanctae Romanae ecclesiae cardinalis,[7] quidam Stephanus beati Petri cardinalis dictus.[8] Aus dem so auffällig als Kardinal des hl. Petrus bezeichneten Stephan nun ohne Weiteres einen Kardinal vom

[1] Das Leben des Petrus Damiani 115.
[2] Jaffé Reg. 3350. 3355.
[3] Bonitho ap. Jaffé Bibl. II. 634.
[4] Jaffé Reg. 3313.
[5] Leo Cassinens. II. 9. 93.
[6] Sudendorf Berengar. Touronens. 222.
[7] Mansi Coll. conc. XIX. 925.
[8] Martène Thesaur. anecd. IV. 635.

Titel des hl. Petrus ad vincula zu machen, halte ich nicht für statthaft. Weshalb ist denn nie der volle Titel gebraucht? Man muss sich erinnern, dass die Kardinalpriester nach den vier Patriarchalkirchen, in denen sie den Hebdomadaldienst zu leisten hatten, in vier Gruppen zerfielen: eine derselben bilden die cardinales sancti Laurentii, und zu ihnen gehört der Kardinalpriester vom Titel des hl. Petrus ad vincula, eine andere bilden die cardinales sancti Petri und zu ihnen gehört der Kardinalpriester vom Titel des hl. Chrysogonus.[1] Ich denke: der quidam Stephanus beati Petri cardinalis dictus führt den Namen wegen seines Hebdomadaldienstes an der weltberühmten Patriarchalkirche von St. Peter. Daher heisst es auch in seiner Grabschrift:

Stephane, qualis in aede Petri quantusque sacerdos
Extiteris, novit Gallia cum Latio.[2]

Sollte wohl Gallien, woher uns ja allein die Erwähnung eines Stephan als eines cardinalis beati Petri gekommen ist, von dem Kirchlein des hl. Petrus ad vincula gewusst haben? Gewiss nicht; wohl aber kannte es die Patriarchalkirche St. Peter. Dazu kommt endlich noch, dass die Zeitgenossen, — soweit ich sehe, — nie das Bedürfniss empfunden haben, durch Beifügung der vollen Titel die zwei vermeintlichen Stephan von einander zu unterscheiden: Petrus Damiani redet immer schlechtweg von Kardinal Stephan.[3] Offenbar hat es nicht mehrere Kardinäle desselben Namens gegeben.

II. ZU DEM STREITE NIKOLAUS II. MIT DEM DEUTSCHEN HOFE.

Um 1097 schrieb der Kardinal Deusdedit: cum postea praefatus Nikolaus Coloniensem archiepiscopum pro suis excessibus corripuisset, (optimates) graviter tulere eumque huius

---

[1] Hinschius Kirchenrecht I. 335. 336.

[2] Ciacconius Vitae pont. et card. ed. Oldoino I. 802.

[3] Opera I. 57. 58. 67. III. 64. 575. 577. Cf. Leo Cassin. III. 9. 10.

rei gratia, quantum in se erat, a papatu deposuere nomenque eiusdem in canone consecrationis nominari vetuere.[1] Damit ist zu vergleichen, was zwischen 1085 und 1088 Benzo von Alba berichtet: Pudet dicere, quot et quales viros pulsavit Prandelli insansia per excommunicatricem linguam sui preconis (sc. Nicolai), profluentis insania. Ad vindictam vero suam aliorumque errexit se Anno Coloniensis, exquisitis adulterae nativitatis figmentis. Communi ergo consensu orthodoxorum dirrexit illi excommunicationis epistolam. Qua visa dolens et gemens praesentem deseruit vitam.[2] Beide Erzählungen stimmen nicht übel zu einander: dass Deusdedit von einer Absetzung des Papstes, Benzo nur von einer Excommunication redet, dass nach diesem der Erzbischof und auch Andere vom Papste gebannt, nach jenem der Erzbischof wegen seiner Vergehen nur getadelt sei, dass bei Deusdedit die Fürsten im Interesse Annos vorgehen, bei Benzo der Erzbischof sich selbst und seine Collegen rächt; — solche Differenzen wollen nicht zu viel bedeuten: es bleibt die Hauptsache, dass ein tiefeinschneidender Gegensatz zwischen Anno und Nikolaus besteht, dass der Letztere doch vor Allem dem Ersteren zum Opfer fällt. Diese leidliche Uebereinstimmung ist es wohl gewesen, welche bisher keinen Zweifel aufkommen liess, obwohl jede unmittelbar zeitgenössische Bestätigung fehlt. Im Hinblick auf Deusdedit durfte man auch vergessen, dass Benzo der unzuverlässigste Autor ist.

Aber ein Moment scheint mir doch, was wenigstens Anno betrifft, zu dem schwersten Bedenken zu berechtigen. Wie war denn in Wahrheit das Verhältniss Annos zu Nikolaus? Vor dem ersten Mai 1059 hatte Anno um eine Bestätigung für Mariengarden gebeten; in einer unbekannten Zeit stellte er die gleiche Bitte für St. Georgen. Mariengarden erhielt die Bulle unter dem 1. Mai 1059, und da sagt Nikolaus zu Anno: specialiter assensum praerogativae dilectionis erga reverentiam fraternitatis tuae semper habere optamus; suggestioni benignitatis tuae promptior charitatis nostrae ex-

---

[1] ap. Mai Nov. patr. bibl. VII.[c] 82.
[2] M. G. SS XI. 672.

hibetur affectus.[1] Die Worte deuten nicht eben darauf hin, dass der so belobte Mann in der allernächsten Zeit — denn im Juni 1061 ist Nikolaus schon gestorben — wegen seiner Vergehen hart getadelt oder gebannt werden könne, dass er dafür den Papst bannen oder entsetzen würde. Nehmen wir eine Urkunde für St. Georgen hinzu! Zwar die gewünschte Bestätigung liegt uns nicht vor; aber im Jahre 1067 hatte Anno sie vor Augen; und da berief er sich auf dieselbe, indem er den Aussteller mit Hochachtung nannte, ihn, mit dem er vor wenigen Jahren auf dem gespanntesten Fusse gelebt, der ihm scharf zugesetzt, den er dafür gebannt oder gar seines Amtes entsetzt haben soll. Haec igitur omnia sub tutelam sanctae Romanae ecclesiae per manum venerabilis papae Nicolai, cuius etiam scripta ad corroborationem eiusdem rei continentur apud nos, diligenter commisimus.[2]

Dazu kommt noch Folgendes. Auch ein Zeitgenosse, und zwar ein gut unterrichteter, an den Dingen persönlich betheiligter, erzählt von einem sehr ähnlichen, wenngleich nicht ganz demselben Akte der Feindschaft gegen Nikolaus II. Doch die Art und Weise, in welcher man danach von deutscher Seite vorgegangen wäre, soll später bezeichnet werden; hier handelt es sich um die Urheberschaft. Und da weiss unser Gewährsmann, nämlich Damiani, Nichts von Anno: als Urheber nennt er die Rectores aulae regiae,[3] zu welchem der damals dem Hofe fernstehende Anno nicht gehörte.

Von Anno wird in diesem Zusammenhange nicht weiter zu reden sein. Dass er bei späteren Autoren als Mittelpunkt der fraglichen Ereignisse figurirt, möchte sich dadurch erklären, dass gar so Vieles über ihn gefabelt wurde. Konnte man doch in Italien, woher unsere Berichte stammen, allen Ernstes glauben, Anno wolle denselben Papst, für dessen Anerkennung Niemand soviel gewirkt, wie er, — Anno wolle Alexander II. stürzen und selbst Papst werden.[4]

---

[1] Lacomblet U. B. I. 125.

[2] Lacomblet U. B. I. 136.

[3] Discep. synod. Opp. III. 64. Ebendort S. 65 heissen sie curiales, dann auch administratores aulae publicae.

[4] Giesebrecht Kaiserzeit III. 1242.

Wenn aber der Erzbischof ganz aus dem Spiele zu lassen ist, dann zerfällt auch die Behauptung Benzos, dass Anno durch seinen angeblich gegen Nikolaus II. geschleuderten Bann für die gleiche Strafe, welche der Papst über mehrere deutsche Kirchenfürsten verhängt haben soll, Rache geübt hätte. Wir wissen überdies nicht einmal von einer einzigen Excommunication. Was wir wissen beschränkt sich auf einen Mahnbrief, den der Papst an den Bischof von Halberstadt richtet,[1] er solle von der Bedrückung Hersfelds ablassen: zu Weiterem ist es auch da nicht gekommen. Ueberdies kennen wir den wahren Grund des Confliktes.

Damiani beginnt mit Dem, was eben gegen Nikolaus ins Werk gesetzt wird, ohne die Motive uns vorzuführen. Wenn er dann fortfährt: Sed ut totam inauditae calamitatis nostrae percurramus historiam, so greift er offenbar zurück: er will nun die Entstehung des Streites nachholen. Und da erzählt er denn, wie der Kardinal Stephan, der die Akten des Concils vom April 1059 überbringen sollte,[2] trotz fünftägigen Harrens keine Audienz erlangt habe. Man sieht, worin der Conflikt begründet ist.[3]

Im Mai oder Juni wird der Kardinal Stephan abgewiesen sein. Der deutsche Hof hat es bei diesem Schimpf nicht bewenden lassen; er ergriff eine andere, tief einschneidende Repressalie, auf deren Natur ich zurückkomme. Zunächst wird man abgewartet haben, ob Nikolaus nicht den Grund des Unwillens hinwegschaffe; er that es nicht; er gab dem Streite vielmehr neue Nahrung. Schon früher hatte Hildebrand mit den Normannen verhandelt[4]: dass Nikolaus nun

---

[1] Lamberti annal. ad. an. 1059.

[2] Dass unter dem Concil eben das des April 1059 verstanden sei, zeigte ich schon S. 119. 120.

[3] Das hat Lindner Anno der Hl. 25 ausser Acht gelassen: um den Conflikt zu erklären, greift er zu einer künstlichen, schon von Giesebrecht III. 1092 verworfenen Hypothese.

[4] Vgl. Annal. Roman. M. G. SS. V. 471.

im Juli und August mit ihnen, die als Reichsfeinde galten, einen innigen Bund schloss, wird sich vor Allem durch die Abweisung des Kardinals Stephan erklären. Das Verhältniss der Kurie zu den Normannen, die damit gegebene Erklärung, dass Rom die Papstwahlordnung nicht zurücknehme, sich vielmehr für einen etwa entbrennenden Kampf bei Reichsfeinden Rückhalt gesucht habe, wird den deutschen Hof zu entschiedenerem Vorgehen bestimmt haben. Nehmen wir an, die Nachricht sei Ende September oder Anfang Oktober in Deutschland eingetroffen;[1] dann war Weihnachten der geeignete Termin, um über die etwa zu ergreifenden Massregeln mit den Fürsten zu verhandeln. In der That war zum 25. Dezember ein Reichstag nach Worms ausgeschrieben.[2] Wegen einer Pest kam derselbe nicht zu Stande; die Angelegenheit musste vertagt werden. Schon aber scheint man in Rom gewusst zu haben, was von Deutschland her drohe. Da versuchte die päpstliche Regierung, einen Umschwung herbeizuführen: zu Anfang Januar 1060 finden wir als ihren Legaten den Bischof von Lucca am deutschen Hofe.[3] Und die Reichsregierung, — soeben zu einem äussersten Schritte bereit, — lässt sich auf die Verhandlungen ein; sie entsendet nun ihrerseits den Kanzler Wibert, der im April auf einer römischen Sinode erscheint.[4] Beide Thatsachen sind nicht etwa — wie man wohl geglaubt hat, — Beweise für eine bis dahin ungetrübte Harmonie, sie bezeichnen nur Momente einer friedlicheren Stimmung. Der Wiederausbruch des Confliktes war unvermeidlich, wenn Rom die Voraussetzungen nicht erfüllte, mit Rücksicht auf welche die Reichsregierung sich in die Verhandlungen eingelassen hatte. Die aber waren unzweifelhaft: Widerruf des Wahldekretes und Lösung des normannischen Bundes. Weder der Bund wurde gelöst, noch

---

[1] Die Nachricht musste den Weg aus Unteritalien, wohin Nikolaus sich begeben hatte, nach Mitteldeutschland machen, denn hier befand sich damals der Hof.

[2] Lambert. l. c.

[3] Marian. Scot. ad. an. 1060.

[4] Zaccaria Della badia di Leno 104.

das Wahldekret widerrufen, und so haben die Sendungen Anselms und Wiberts die Repressalie, welche schon zu Worms ergriffen werden sollte, aber nicht ergriffen werden konnte, weil der Reichstag überhaupt nicht zu Stande kam,[1] nur noch mehr hinausgeschoben, nicht verhütet. Jetzt wird man allerdings nicht mehr gezögert haben.[2]

Im Juni oder Juli 1060 möchte der entscheidende Schritt geschehen sein. Freilich sagt Benzo, Nikolaus sei unmittelbar, nachdem man von deutscher Seite gegen ihn vorgegangen, aus dem Leben geschieden, und Nikolaus starb erst im Juli 1061. Aber Benzo liebt die grellen Farben; ihm ist hier so wenig zu glauben, wie bei seiner vorhin verworfenen Angabe über Anno, wie jetzt noch in Betreff einer anderen Behauptung sich zeigen wird: er sagt nämlich, die Reichsregierung sei communi consensu orthodoxorum gegen Nikolaus eingeschritten. Zu seiner Bestätigung mag man allerdings auf Deusdedit verweisen, er nennt kurzweg die Optimaten als Richter des Papstes. Aber worin immer der gegen Nikolaus gerichtete Akt bestand, — nach der gleichzeitigen Angabe des gut unterrichteten Damiani sind seine Urheber Rectores aulae regiae cum nonnullis Teutonici regni sanctis ut ita loquar episcopis conspirantes.[3] Nur einige Bischöfe

---

[1] Freilich sagt Hefele Conciliengesch. IV. 846 der Wormser Reichstag sei doch abgehalten; Lamberts Worte (sinodus) ad effectum non pervenit bedeuteten nur: „die Majorität der deutschen Bischöfe erschien nicht". Bei dieser an sich schon gezwungenen Auslegung hat Hefele übersehen, dass der königliche Hof ebenso wenig, wie die Majorität der Bischöfe, in Worms gewesen ist. Weihnachten feierte er in Freising. Annal. Altahens. ad 1060. Dreikönige in Oettingen. Annal. Alt. l. c. Marian. l. c.

[2] So stimme ich in der chronologischen Berechnung mit Lindner Anno d. Hl. 103 überein; ich weiche nur darin von ihm ab, dass ich die Sendung des Kardinals Stephan, die Lindner in den Anfang 1061 setzen möchte, unmittelbar dem Concil von 1059 folgen lasse. Gerade über die Zeit dieser Sendung kann man aber, wie mir scheint, nach Damianis Angaben keinen Augenblick zweifeln. Vgl. die 1. Beilage.

[3] Damiani fährt dann zwar fort concilium collegistis; aber was auf dem Concil geschieht, geschieht doch nur quasi per synodalem sen-

haben sich also dem Papste entgegengesetzt; wäre das ganze Reich gegen Nikolaus aufgestanden,[1] so hätte Damiani gewiss nicht von nur einigen Bischöfen geredet, denn aus der gegen Nikolaus gerichteten Erklärung zieht er eben seine Schlüsse zu Gunsten der Kirche.

In welcher Weise ist man nun gegen Nikolaus vorgegangen? Deusdedit spricht von Absetzung, Benzo von Excommunication; aber beide Autoren haben sich zu wenig bewährt, als dass ich ihnen glauben könnte. Damiani redet die königlichen Minister, die mit einigen Bischöfen sich gegen die Kirche verschworen hätten, in folgender Weise an: papam quasi per sinodalem sententiam condemnastis et omnia quae ab eo fuerant statuta cassare incredibili prorsus audacia praesumpsistis. Bald darauf spricht er noch einmal von der damnatio papae. Sollte Damiani sich zweimal eines so unbestimmten Wortes bedient haben, wenn er den festen Begriff der Excommunication und der Absetzung damit bezeichnen wollte? Und wäre Excommunication oder Absetzung gegen Nikolaus ausgesprochen worden, hätte dann dieselbe nicht irgend eine Spur in der zeitgenössischen Geschichtschreibung hinterlassen müssen? Man bedenke nur, welches Aufsehen nachmals das gleiche, über Gregor ausgesprochene Verdikt gemacht hat. Und nicht bloss bei den Zeitgenossen würde man ein Zeichen des Erstaunens über so gewaltsame That erwarten, man würde sich doch auch wundern dürfen, dass in der nächstfolgenden Zeit keiner der besser unterrichteten Autoren von der Excommunication oder Absetzung des Papstes gesprochen hat. Zwei Gelegenheiten

---

tentiam, und es bleiben „die Minister mit den einigen Bischöfen", auf welche Damiani alsbald die Bezeichnung cuiuslibet hominis insolentia anwendet.

[1] Alle Bischöfe gegen Nikolaus zu gewinnen, ist gewiss der Wunsch der Hofes gewesen. Das sollte auch die Aufgabe des berufenen, doch nicht zu Stande gekommenen Reichstages sein. Mit Bezug darauf, dass sich nur eine Minderheit gegen Nikolaus erklärte, ist es von Bedeutung, dass wir Nichts von einem zweiten Reichstage hören, nachdem der erste gescheitert ist.

waren dazu vorhanden, einmal als Gregor gebannt und abgesetzt wurde, dann als gelehrte Publicisten, wie Berald von Farfa, Wido von Osnabrück und der Verfasser des Tractates De papatu Romano, für das Recht des Königs, Päpste ihrer Würde zu entkleiden, nach Beispielen suchten. Dies Alles zusammengenommen, — darf man doch mit einigem Grunde vermuthen, dass die deutschen Minister den Papst nicht gebannt und abgesetzt haben; der wesentliche Inhalt der „damnatio“ möchte in dem zweiten Satze ausgesprochen sein: omnia quae ab eo fuerant statuta cassare incredibili prorsus audacia praesumpsistis.

III. DIE ANSPRÜCHE DER KARDINALKLERIKER BEI DER DOPPELWAHL VON 1130.

Dadurch dass die Worte in Rundschreiben und Simonieverbot: „der Papst soll von den Kardinalbischöfen gewählt werden“, durch einen Fälscher folgendermassen geändert wurden:[1] „der Papst soll von den Kardinälen gewählt werden“, war dem Bestreben der Kardinalkleriker, gleiches Recht mit den Kardinalbischöfen zu gewinnen, nicht wenig Vorschub geleistet. Die naturgemässe Entwicklung wäre nun gewesen, dass sie mit Hülfe der genannten Fälschungen das Privileg der Kardinalbischöfe zu Nichte gemacht, dass sie für sich dieselbe Wahlbefugniss errungen hätten, ohne aber noch weitergehende Ansprüche zu erheben. Statt dessen finden wir ein Ergebniss, das wenigstens auf den ersten Blick ausserordentlich überraschen muss. Die Kardinalbischöfe sollen nicht ihre Rechte mit den Kardinalklerikern theilen; — früher bevorrechtet, sollen sie vielmehr nun von jeder Theilnahme an der Wahl ausgeschlossen werden, soll ihnen nur das Recht bleiben, den Gewählten zu verwerfen oder gutzuheissen. Der Kardinal Pandulf erklärt in seiner Lebensbeschreibung Gelasius II., denselben habe nach seiner Wahl allgemeiner Beifall begrüsst, necnon etiam ab episcopis, quorum nulla prorsus est

[1] Vgl. S. 55–61.

alia in electione praesulis Romani potestas, nisi approbandi vel contra et ad communem omnium et cardinalium primum et aliorum petitionem electo manus solummodo imponendi.[1] Und bei der Doppelwahl Innocenz II. und Anaklets II. wird dieser Grundsatz, den die Kardinalkleriker damals mehrfach aussprachen,[2] sogar von einem Kardinalbischof anerkannt. Petrus von Porto schreibt an vier seiner Collegen: Postremo nec vestrum, sicut nec meum fuit eligere, sed potius electum a fratribus spernere vel approbare.[3] Wer die fratres sind, kann an sich nicht zweifelhaft sein und wird vom Kardinalbischof im weiteren Verlaufe seines Schreibens auch noch ausdrücklich gesagt: Fratres siquidem vestri, cardinales etc.

Nach den Worten des Kardinals Pandulf sollte man glauben, die Kardinalkleriker hätten ihre, die Kardinalbischöfe völlig zurückdrängenden Ansprüche schon bei der Wahl Gelasius II. zur Geltung gebracht. Aber die Angabe Pandulfs findet sich mit dem Protokolle über die Wahl desselben Papstes, das wir leider nur aus Pandulfs eigener Bearbeitung kennen,[4] in offenbarem Widerspruch: da stehen nämlich an der Spitze der Wähler die damals anwesenden vier Kardinalbischöfe; hinterher folgt die Schaar der Kardinalkleriker. Auch bei der Wahl Calixts II. deutet noch Nichts darauf hin, dass die Kardinalbischöfe lediglich auf die Anerkennung beschränkt werden sollten. Calixt wurde in Cluny gewählt, nicht von der überwiegenden Mehrzahl der Kardinäle, die sich in Rom befanden, sondern von nur sehr wenigen. Und von diesen nun können wir zwei Kardinalbischöfe nachweisen;[5]

---

[1] ap. Watterich II. 95.

[2] In dem Briefe an Lothar III. und Didacus von Compostella ap. Watterich II. 187. 188.

[3] M. G. SS. X. 484.

[4] Dass Pandulf hier ein Protokoll benutzte, sieht man deutlich im Vergleiche mit seinem Berichte über die Wahl Calixts II.: hier nennt er nicht einen einzigen Wähler, dort die ganze Schaar.

[5] Lambertus Hostiensis et Boso Portuensis, Cono Praenestinus et Joannes Cremensis aliique plures de Romano senatu clerici affuere. Orderic. Vital ed. Prevost IV. 335. Joannes Cremensis ist der Priester vom Titel des hl. Chrysogonus. Einen Boso Portuensis hat es nicht gegeben; der Bischof Peter von Porto war in Rom zurückgeblieben;

die ihn Rom zurückgebliebenen Kardinalbischöfe schreiben dazu „ihren Brüdern, den Kardinalbischöfen," welche an der Wahl Calixts II. betheiligt waren.[1] Ueber die Wahl des nächsten Papstes, Honorius II., fehlen uns alle genaueren Nachrichten;[2] dann folgte das Schisma zwischen Anaklet und Innocenz: die Wähler des letzteren vertreten das schon länger anerkannte Princip der Gleichberechtigung aller Kardinäle,[3] die ersteren stellen nun das Gegentheil Dessen, was Nikolaus II. bestimmt hatte, als Rechtsnorm auf. Unter ihnen befindet

---

gemeint ist wohl der Priester Boso vom Titel der hl. Anastasia, der mit Calixt in Frankreich war. So bleiben die Bischöfe Lambert von Ostia und Kuno von Praeneste.

[1] Jaffé Bibl. rer. Germ. V. 348. 350.

[2] Nach Mühlbacher Die streitige Papstwahl des Jahres 1130 S. 65 hätten sich allerdings die Kardinalkleriker damals „das Uebergewicht zu sichern" gesucht. Das folgert Mühlbacher daraus, dass sie zuerst „aus ihrer Mitte" den Kardinalpriester Saxo als Kandidaten aufgestellt hätten, dass dann ein Kardinalkleriker seinen Amtsgenossen Jonathan zum Papste ausgerufen hat. Aber was Saxo angeht, so steht nirgends, dass er der Kandidat der Kardinalkleriker gewesen sei; unser einziger Gewährsmann, Pandulf a. a. O. 158 sagt: populus Saxonem sancti Stephani cardinalem futurum papam petebat. Dass dann ein Kardinalkleriker einen anderen Kardinakleriker in Vorschlag bringt, zeugt doch an und für sich ebenso wenig für einen schneidenden Gegensatz zwischen Kardinalbischöfen und Kardinalklerikern, als dass nun zuletzt ein Kardinalbischof gewählt wurde.

[3] Zoepffel a. a. O. 114 sagt zwar: „die Bischöfe wählen ihren Kandidaten, indem sie sich auf ihr altes Privileg berufen". Aber dafür fehlt der Beweis. Wenn Mühlbacher a. a. O. 66 aus den Worten Innocenz II.: episcopi et catholici cardinales me elegerunt, und aus der Behauptung der Wähler: Nos episcopi et cardinales elegimus den Schluss zieht, dass da nur von Kardinalbischöfen die Rede sei; so verkennt er den Sprachgebrauch der damaligen Zeit, in welcher episcopi et cardinales, wie ich unten nochmals zu erörtern habe, durchaus Kardinalbischöfe und Kardinalkleriker bedeuten. Ueberdies wird uns von mehr als Einer Seite auch nachdrücklichst berichtet, dass die Erhebung Innocenz II. keineswegs ein Werk ausschliesslich von Kardinalbischöfen gewesen sei. Wenn die Innocenzianer mit Vorliebe die Namen ihrer vier Kardinalbischöfe nennen, so ist dafür eine ausreichende Erklärung, dass einerseits das Ansehen der Kardinalbischöfe doch immer das höhere war, dass andererseits weitaus die Mehrzahl der Kardinalkleriker auf Seiten Anaklets standen.

sich auch der Biograph Gelasius II., der Kardinaldiakon Pandulf [1]: man wird doch berechtigt sein, die Bemerkung wegen des ausschliesslichen Wahlrechtes der Kardinalkeriker, welche Pandulf seiner Erzählung von der Erhebung Gelasius II. eingefügt hat, als eine tendenziöse zu bezeichnen: in der Geschichte ist sie nicht begründet.

Die Wähler Anaklets II. zählten nur zwei Kardinalbischöfe zu den ihrigen, aber die Mehrzahl der Kardinalkleriker. Eben mit Rücksicht auf dieses Zahlenverhältniss erhoben sie die neue Forderung, dass allein die Kardinalkleriker wahlberechtigt seien. Aber wie, — hatten sie nur Muth oder vielmehr Unverschämtheit, gar keinen Rechtstitel? Es wäre doch eine ausserordentlich starke Leistung gewesen.

Wie Rundschreiben und Simonieverbot in den meisten Kanonensammlungen lauteten, sollte sine concordi et canonica electione cardinalium keine Papstwahl gültig sein. Nun aber beweisen schon die oben angeführten Stellen aus der Lebensbeschreibung Gelasius II. und dem Briefe Petrus von Porto, und es lässt sich durch eine Menge weiterer Belege erhärten, dass man zu Anfang des 12. Jahrhunderts unter cardinales schlechtweg nur die Kardinalkleriker verstand, nicht auch die Kardinalbischöfe, die vielmehr als episcopi bezeichnet wurden.[2] Daher die oft wiederkehrende Verbindung episcopi et cardinales.[3] Dieser Sprachgebrauch, den ich eben nur für den Anfang des 12. Jahrhunderts nachweisen kann, möchte eine

[1] Vgl. das Verzeichniss der Wähler Anaklets bei Watterich II. 185.

[2] Zahlreiche Beispiele in dem zweiten Theile der längeren Anmerkung Zoepffels a. a. O 115. Am Häufigsten finde ich die Verbindung oder wohl richtiger die Scheidung von episcopi et cardinales bei Petrus Cassinensis z. B. III. 68: a Romanis episcopis Tusculanensi, Portuensi atque Albanensis, cardinalibus quoque etc. III. 71: Unde cum episcopis et cardinalibus consilio habito etc. III. 73: cum episcopis et cardinalibus ad hoc monasterium ascendens. ibidem: convocatis eisdem episcopis atque cardinalibus.

[3] Nur in den beiden Briefen Urbans II, deren ich oben S. 77 Anm. 1 und 3 gedachte, findet sich episcopi et cardinales für Kardinalbischöfe. Das aber war 40 Jahre früher.

hinreichende Erklärung geben. Auf das Papstwahldekret selbst wollte man nicht zurückkommen: man hielt sich an die Kanonensammlungen, und da hier nur von der electio cardinalium die Rede war, nicht aber von der electio episcoporum et cardinalium, wie der Sprachgebrauch verlangt hätte, wenn auch die Kardinalbischöfe ein Recht bei der Papstwahl haben sollten; so konnte man zu jener Forderung gelangen, welche der Biograph Gelasius II. ausspricht und dann ein Kardinalbischof selbst bestätigt, dass nämlich nur die Kardinalkleriker das aktive Wahlrecht besässen.

Wenn aber die Kardinalbischöfe nicht mehr wählen sollten, dann verloren sie ihr wesentlichstes Recht als Geistliche der römischen Kirche; es blieb ihnen dann eigentlich nur ihre zweite Eigenschaft, nämlich die von Bischöfen, welche dem römischen Sprengel angehörten. Und nun ist es höchst bezeichnend, dass Anaklet II., d. h. der Papst, welchen die Kardinalkleriker gewählt hatten, die ehemals „römische Kardinäle“ genannten Bischöfe „römische Suffragane“ heisst,[1] dass auch seine Wähler in einem Manifeste die Kardinalbischöfe den Suffraganbischöfen Roms gleichstellen.[2] Daraus erklärt sich das Weitere: die Ersteren, wenngleich nicht mehr selbst zu wählen berechtigt, sollen doch nicht jeglicher Befugniss beraubt sein, sie sollen vielmehr das Recht der Letzteren ausüben. Das aber war, über den von seiner Geistlichkeit gewählten Erzbischof zu befinden und ihn dann zu weihen. So gelangte man — wenn ich nicht irre — zu dem Zugeständniss, dass die Kardinalbischöfe den von den Kardinalklerikern gewählten Papst anerkennen oder verwerfen, dass sie dann den von ihnen anerkannten auch weihen sollten.

[1] Darauf hat Mühlbacher a. a. O. 67 Anm. 2 hingewiesen.

[2] Mühlbacher a. a. O. drückt sich zweifelhaft darüber aus; aber nach dem ganzen Zusammenhange der Dinge sind doch mit reliquis Romanae ecclesiae suffraganeis alle genannten Bischöfe als römische Suffragane bezeichnet, nicht bloss der zuletzt genannte Bischof von Sutri, der allerdings auch nach früherer Anschauung eben nur Suffragan, nicht zugleich Kardinal war.

IV. EINE STREITSCHRIFT ZU GUNSTEN KAISERLICHER SUPREMATIE.

Die kleine Abhandlung, welche uns beschäftigen soll, findet sich in drei Handschriften des 12. Jahrhunderts. 1) Cod. Bruxell. 5603 S. . . .[1] Die Ueberschrift des hier für sich allein stehenden Stückes lautet: Dicta cuiusdam de discordia papae et regis priorum reprehensa exemplis. Dazu die Marginalnote: nimirum Sigeberti.[2] 2) Cod. Paris. fonds lat. 10402 Suppl. 271 S. 65—67; die Abhandlung,[3] welche den Titel De papatu Romano trägt, steht mit mehreren, das Verhältniss von Kaiserthum und Papstthum erläuternden Urkunden in Verbindung, so namentlich mit der päpstlichen Fassung des Wahldekretes.[4] 3) Cod. Vindob. 2213 Jus can. 105 S. 93. 94;[5] eine Ueberschrift scheint nicht vorhanden zu sein; der Zusammenhang ist ein ähnlicher, wie im Pariser Codex,[6] aber mit dem Unterschiede, dass die Wiener Sammlung den kaiserlichen Tenor unserer Wahlordnung enthält.[7]

Die Texte der drei Handschriften sind unter sich sehr verschieden: die Brüsseler beginnt erst mit dem zweiten Absatze meiner Ausgabe; die Wiener endet in dem ersten Absatz mit den Worten: in omnibus obedierunt; sie beginnt dann wieder mit dem zweiten, doch ist der Schreiber nach dem Schwure, den die Römer Otto I. leisten: nunquam se papam electuros absque electione vel assensu imperatoris et filii sui abermals erlahmt, um nun die Arbeit ganz aufzugeben. Ueberdies hat sich der offenbar ermüdete Mann ausserordent-

[1] Vgl. die weitere Inhaltsangabe des Codex im Archiv f. ält. dtsch. Geschichtskunde VIII. 498.

[2] Danach gedruckt bei Floto Heinrich IV. und sein Zeitalter I. 437. 38.

[3] Vgl. oben S. 7. Ich wiederhole hier, dass Waitz zuerst auf diesen Text aufmerksam gemacht hat. Forsch. XVII. 179

[4] Eine Abschrift des ersten Theiles besorgte mir einer meiner Zuhörer, Herr Pfotenhauer-Laforgue, den weiteren Text verdanke ich Herrn Prof. Morff in Bern.

[5] Vgl. Archiv X. 489.

[6] Vgl. oben S. 19 Anm. 2.

[7] Herr Dr. Foltz hatte die Güte, mir eine Copie anzufertigen.

lich oft durch Zusammenziehung und Verkürzung die Aufgabe erleichtert.[1] Auch der Brüsseler hat nicht immer den vollen Wortlaut beibehalten.[2] Der getreuste Copist ist der Pariser, nur blieb doch auch sein Text nicht ganz unverkürzt: Einzelnes bietet der Wiener, Mehreres der Brüsseler, was er bei Seite liess.[3]

Die folgenden Gegenüberstellungen werden genügen, um das Verfahren der Schreiber zu veranschaulichen, zugleich das in Obigem schon angedeutete Quellenverhältniss unserer drei Texte klarzulegen. Cod. Paris.: Eulalium vero Valentinianus imperator et Honorius recipere noluerunt, sed potius respuentes expulerunt et a Romano pontificatu deiecerunt. — Cod. Brux.: Eulalium Valentinianus et Honorius imperatores non receptum deposuerunt. — Cod. Vind.: Eulalium Valentinianus imperator et Honorius respuentes expulerunt. Danach könnte man geneigt sein, den Pariser Codex für die Quelle zu halten. Aber eine andere Vergleichung wird die Annahme sofort entkräften. Cod. Vind.: Benedictum expulit et Leonem ecclesie sibi commisse restituit. — Cod. Brux.: Benedicto tanquam invasore expulso Leonem ecclesiae sibi commissae restituit. — Cod. Paris.: Benedictum pervasorem expulit et Leonem restituit.

Von einem Abhängigkeitsverhältniss, das zwischen unseren drei Ueberlieferungen bestände, kann nicht mehr die Rede sein. Sollen wir versuchen, die gemeinsame Vorlage wieder herzustellen?

Jeder der drei Schreiber hat verkürzt, hat geändert.

[1] Namentlich durch Anwendung der Ablativi absoluti, z. B. Eulalio et Bonefacio eodem tempore constitutis, Bonefacio in sede remanente etc.

[2] Z. B. hat er das siebenmal wiederkehrende in sede remansit zweimal in resedit verkürzt, einmal durch eine andere Wendung umschrieben. Ob aus stilistischem Gefühl?

[3] Um nur ein Beispiel anzuführen, so sagt er nur Legatio imperatoris nil profuit: der Brüsseler dagegen: Nec ista, nec praeter hanc frequens legatio profuit quicquam. Aehnlich bietet wenigstens auch einmal der Wiener Einiges mehr, das ich nicht für einen Zusatz desselben halte. Vgl. S. 137 Anm. 1.

Oft findet man selbst dort, wo drei Texte zur Vergleichung vorliegen, in allen dreien namhafte Abweichungen, und möchte man sich auch im Allgemeinen an den Pariser Text halten, als an denjenigen, dessen Schreiber am Zuverlässigsten ist, — für den Einzelfall ist keine Garantie geboten. Meist liegen uns aber nur zwei Texte vor: um so unsicherer wird das Unternehmen einer Reconstruction. In der Wiener Handschrift fehlt das Ende; der Brüsseler ist gerade hier sehr ausführlich, während der Pariser, sonst immer der fleissigere Schreiber, gegen Schluss ermattet. Wie müsste da sein Text ergänzt werden! Zumeist liesse sich wohl das Richtige finden, aber Sicherheit für Jedes und Alles ist nicht zu gewinnen.[1]

Es scheint mir doch räthlicher, von dem Versuche einer Wiederherstellung der gemeinsamen Quelle abzusehen. Ich betrachte die drei Texte als drei verschiedene Rezensionen, die ihre gesonderte Behandlung verdienen. Der Brüsseler Text ist gedruckt: mir stehen keine Collationen zur Verfügung, um an dem Wortlaut ändern zu dürfen. Dagegen hat der Pariser meines Wissens noch keine Veröffentlichung erfahren: an Umfang hat er fast das Doppelte des Brüsseler, ihn werde ich also im Folgenden herausgeben. Was den Wiener angeht, so habe ich mich darauf beschränkt, das einzige Stück, welches einen den anderen Handschriften fehlenden Satz von Bedeutung enthält, zugleich als Probe, in einer Anmerkung mitzutheilen.

DE PAPATU ROMANO.

Legitur in gestis Romanorum pontificum, quod tempore Julii pape episcopos Hemilie ac laterales Romani pontificis ....[a] patriarcha Antiochenus et Alexandrinus cum omnibus episcopis Orientis ipsum eundem Julium,[2] ab eisdem super multis insimulatum, deserere, respuere ac penitus abnegare decreverunt, dicentes quod in partibus suis et quasi inter eos natus sit filius dei et conversatus, et quod ibidem crucis

---

[1] Z. B. wird Niemand dafür bürgen können, dass die Charakterschilderung Clemens III., die sich im Brüsseler Codex findet, nicht aber auch im Pariser, vom Autor herrühre.

[2] Julius I. 337–352.

a Hier ist offenbar Mehreres ausgefallen. Was, vermag ich nicht zu sagen. Die Andeutung einer Lücke rührt von mir.

patibulum pertulerit, quod ibidem resurrexerit et in celos ascenderit, et quod ibidem per spiritum sanctum linguarum diversitas, quamprimum crevit christianismus, inter discipulos apparuerit,[1] et quod orientalis ecclesia tanquam radix christiane religionis per doctores et indigenas suos, videlicet Petrum et Paulum, ad partes occiduas ramos et palmites sancte predicationis extendendo perduxerit. Ideoque totius christianismi[a] caput se esse iactantes, Romanam ecclesiam quasi caudam, ipsumque Romanum pontificem ab eis omnino vituperatum respuebant, illud videlicet postponentes et tanquam oblivioni tradentes, quod a dei filio Petro dictum est: „Tu es Petrus et super hanc petram edificabo ecclesiam meam, et porte Inferi non prevalebunt adversus eam; et tibi dabo claves regni celorum, et quodcunque ligaveris super terram, erit ligatum et in celis, et quod solveris, solutum erit.“ Et iterum: „Si diligis me, pasce oves meas“. Hec inquam postponentes et quod pretuli ad precepta Romani pontificis refutanda machinantes, erecto supercilio et inflato cornu superbie, adversus eundem pontificem se ipsos sic erigebant. Sed dei filius, qui universalis ecclesie sedem apostolicam per beatum Petrum caput esse voluit, noluit ut vacillaret quod stabilierat, sed potius ut in sequentibus palam fieret, quatinus stabile, firmum inconvulsumque maneret quod a primordio nascentis ecclesie beato Petro concesserat. Postquam enim ad partes Orientis ipse idem Julius pontifex litteras, in quibus Orientalium continebatur excommunicatio, per legatos suos direxit, prelibati pontifices territi, eo quod et populus sibi subditus pro anathemate facto eos procul dubio refutare volebat, et quia verebantur, ne a regibus hac de causa pellerentur a sedibus,

[1] Bis dahin findet sich im Wiener Codex neben vielen Verkürzungen noch am Meisten ein ursprünglicher und reicherer Text. Legitur in gestis Romanorum pontificum, quod patriarcha Anthiocenus et Alexandrinus cum omnibus episcopis Orientis (Julium papam) penitus respuere ac debitam ei subiectionem abnegare decreverunt, summam sedem apud se statuere molientes, eo quod in partibus illis dei filius natus fuerit et conversatus, crucifixus, mortuus et sepultus et quod ibidem resurrexerit, celos ascenderit, spiritum sanctum apostolis miserit, per quem linguarum in omnis (!) diversitas creata est, qua primum cepit christianissimus. (!)

[a] christianissimi.

citissime omnes facti penitentes colla submiserunt et cum omni devotione preceptis apostolicis in omnibus obedierunt. Quid enim, nisi ut lapis ille angularis, qui Romanam et universalem matrem ecclesiam per Petrum consolidavit eamque per ipsum ceteris pretulit, non ab omnibus Inferi portis concuti et titubare patiatur? Semper enim supra firmam petram firmata immobilis et fixa permansit, septemque fuit semper subnixa columnis, de quibus sibi sapientia domum edificavit,[1] et ob hoc ab hereticis, a scismaticis et a multis eam impugnare volentibus pulsata moveri non potuit, nec unquam ab eadem ecclesia ad aliam est reclamatum, sed omnes indigentes eam quesierunt, omnes eam appellaverunt; omnes iudicavit, ipsa autem a nemine nisi a se ipsa iudicata est, nisi forte contigerit, ut iniuste et contra imperatoriam dignitatem subintroductus quis fuerit; aut i . . tres . . . pontifi . . . se . . . tempore fuerunt[a] constituti. Quod quidem Romani imperatoris censura destruxit, etiam per se ipsam plerumque hoc idem Romana correxit ecclesia.

Legitur enim in predictorum gestis pontificum, quod Ursinus et Damasus uno eodemque tempore in Romana ecclesia fuerunt constituti:[2] Damasus in sede remansit;[3] Ursinum autem imperator recipere noluit, sed potius abiecit et deponi precepit. — Eulalius et Bonefacius uno eodemque tempore in Romana ecclesia sunt constituti:[4] Bonefacius in sede remansit;[5] Eulalium vero Valentinianus imperator et Honorius recipere noluerunt, sed potius eum respuentes expulerunt et a Romano pontificatu deiecerunt. — Petrus Altine civitatis episcopus et Laurentius et Symmacus uno eodemque tempore in Romana ecclesia sunt constituti:[6] Symmachus in sede remansit;[7] Petrum et Laurentium Theodericus rex hereticus

[1] Salom. proverb. IX. 1. [2] Muratori SS. III. 114. [3] Damasus I. 366—387. [4] Muratori l. c. 116. [5] Bonefacius I. 418—422. [6] Muratori l. c. 123. [7] Symmachus 498—514.

[a] aut — fuerunt steht am Rande; ein Kreuz bezeichnet, dass die Worte, die Herr Pfotenhauer noch lesen konnte, zwichen fuerit und constituti ergänzt werden sollen. Man erwartet nach dem Folgenden einen Gedanken, wie: „oder es wären zu gleicher Zeit zwei oder drei Päpste erwählt".

expulit. — Dioschorus et Bonefacius uno eodemque tempore in Romana ecclesia sunt constituti:[1] Bonefacius in sede remansit;[2] de Dioscoro autem quid corrigendum fuerat, Romana per se ipsam ecclesia correxit, et insuper obitus éius litigio finem imposuit. — Philippus, Constantinus, Stephanus uno eodemque tempore in Romana ecclesia sunt constituti:[3] Stephanus in sede remansit;[4] Philippum et Constantinum Karolus et Karlomannus[a] imperatores expulerunt. — Johannes Romanae ecclesiae diaconus et Sergius[b] uno eodemque tempore in Romana ecclesia sunt constituti:[5] Sergius[b] in sede remansit;[6] Johannem[c] vero Lotharius imperator per Ludovicum filium suum, quem hac de causa Romam direxerat, deiecit. — Anastasius et Benedictus uno eodemque tempore in Romana ecclesia sunt constituti:[7] Benedictus in sede remansit;[8] Anastasium autem Lotharius et Ludovicus imperatores expulerunt. — Ottho cesar Johannem papam super multis mirabiliter accusatum, ad synodum autem Rome vocatum et venire nolentem a Romana sede deiecit et ex toto dampnare precepit et Leonem in sede Romana constituit. Post hec autem Roma regrediente,[d] a Romanis Leo pellitur, et Benedictus sacri palatii diaconus per eosdem Romanos fraudulenter subintroducitur. Quo cognito Ottho Romam revertitur ac citissime Benedictum pervasorem expulit et Leonem restituit. Postea vero senatus populusque Romanus sibi fidelitatem promiserunt, hoc adicientes firmiterque iurantes, nunquam se papam[e] electuros absque electione vel assensu ipsius et filii sui. Hoc idem Henricus imperator, qui de patriarchio Lateranensi quosdam pontifices expulit, pater scilicet Henrici, qui nunc nostris temporibus monarchiam regni gladio potenti et invicto gubernat, stabilivit ut nullus in apostolica sede absque electione sua et filii sui pontifex eligeretur. Sentiens autem, quod tunc temporis Hildebrannus, adhuc subdiaconus, ad culmen huius honoris dominandi libidine captus vellet as-

[1] Muratori l. c. 127. [2] Bonefacius II. 510—532. [3] Muratori l. c. 174. [4] Stephanus IV. 768—772. [5] Muratori l. c. 227. [6] Sergius II. 844—847. [7] Muratori l. c. 248. [8] Benedictus III. 855—858.

a Karolomagnus. b Sixtus. c Johannes. d regrediens. e ipsos steht im Codex anstatt papam.

cendere, super sancta sanctorum iurare eum fecit, nunquam se de papatu intromissurum preter eius licentiam[a] et assensum. Postea vero, tempore Nicholai pape, congregatum est Lateranis concilium C et XXV episcoporum, ubi propter symoniacam heresim et propter depellendam venalitatem Romanorum, qui de electione pontificis amore consanguinitatis vel pecuniae inter se partes faciebant, decretum factum est consilio totius cleri et populi, id iurante et annuente Hildebranno, ac sub anathemate roboratum, universo acclamante et collaudante concilio, videlicet ut quisquis deinceps partes de apostolatu faceret vel[b] absque electione et assensu predictorum imperatorum Henrici patris et filii se intromitteret, non iam papa vocaretur sed sathanas, non apostolicus sed apostaticus diceretur. Et expleto anathemate dixerunt omnes: fiat fiat. Et subscripserunt omnes episcopi et cardinales presbyteri, inter quos etiam Hildebrannus tunc subdiaconus in margine inferiori propria manu subscripsit. Factae sunt autem inde littere, que posteris et auctoritati testimonium perhibent, quibus Hildebrannus subscriptionem fecit. Quas equidem qui videre voluerit in palacio imperatoris[c] vel in archivo Romano invenire poterit. Postmodum vero Alexandro Romano pontifice viam universae carnis ingresso Hildebrannus, tunc etiam longe ante archidiaconus, per Chinchium, unum de nobilibus Romanis, et partem, quam iste et ille fecerat sibi, papa constituitur. Audiens autem ista Henricus his, cui cum patre iuramentum factum fuerat, quod sibi papatum arrogare[d] non convenisset, legatos honestissimos et ad exequendam legationem idoneos Romam direxit, qui eum ex parte monuissent imperatoris, ut de sede apostolica descenderet, ne ultra de pontificatu Romano se agitaret. Legatio imperatoris nil profuit, sed tamen ad ultimum post bella — quia ibidem[e] sibi et ecclesie audientiam synodalem negaverat — post seditiones, post homicidia, post detruncationes, post pauperum oppressiones, post rapinas et incendia Urbem pro papatu retinendo sibi diutissime negatam imperator recepit ibique secundum[f] antiquam consuetudinem Clementem constituit et de manu eius coronam imperialem de victoria et virtute triumphans suscepit.

---

a licentia et assensu. b ut. c imperator. d abrogare. e idem? der Brüsseler liest etiam. f sedem.

Sic gesto Romani imperatores Romanorum pontificum alios reos recipere noluerunt, sed deiecerunt, alios ipsi constituerunt, alios autem, sicut de beato Gregorio et Mauritio legitur, institui preceperunt.

Im Texte heisst es weiter: He vero sunt litere, que a domno Nicholao papa cum consensu centum XXV episcoporum sub anathematis interpositione de pontificatu Romano superius conscriptas esse diximus. Dann folgt das Papstwahldekret und zwar die päpstliche Fassung. Ich kann nun keinen Augenblick zweifeln, dass es nicht der Autor des Aufsatzes ist, welcher fortfährt, sondern der Pariser Sammlung, denn 1) fehlt die Ueberleitung, wie das Dekret selbst, im Brüsseler Codex, im Wiener ist es in Zusammenhang, wenn auch in einen räumlich entfernten, mit der kaiserlichen Fassung gebracht; 2) ist in dem Theile, welcher unzweifelhaft vom Autor des Aufsatzes herrührt, nicht auf einen nachfolgenden Text des Dekretes verwiesen, sondern auf das kaiserliche und päpstliche Archiv; 3) bestehen Widersprüche zwischen Text und Dekret: im Dekrete, wie in allen päpstlichen Fassungen, die uns erhalten sind, fehlt der doch im Texte mitgetheilte Fluch: non papa sed sathanas etc.; dann wird man die im Texte angekündigte Unterschrift Hildebrands im Dekrete vergebens suchen; endlich soll das Dekret nicht bloss Heinrich IV., sondern auch dessen Vater das Zustimmungsrecht wahren, während es doch in Wahrheit nur auf Heinrich IV., nicht auf den schon verstorbenen Heinrich III. Bezug nimmt; 4) setzt der Aufsatz offenbar die kaiserliche Fassung voraus: dahin deutet doch, wie schon anderweitig hervorgehoben wurde, die Bestimmung: absque electione et assensu praedictorum imperatorum Henrici patris et filii (nemo) se intromitteret. Allerdings ist se intromitteret ein vieldeutiger Ausdruck, der allenfalls auch auf die päpstliche Fassung, d. h. dann auf die Bestätigung eines schon Gewählten bezogen werden könnte. Dass aber die Bestätigung eines Candidaten, also eines noch zu Wählenden gemeint sei, schliesse ich nicht bloss aus der imperialistischen Tendenz des Aufsatzes, sondern auch aus dem unmittelbar vorausgegangenen Versprechen, das die Römer demselben „Heinrich dem Vater“

geleistet haben: ut nullus in apostolica sede absque electione sua et filii sui pontifex eligeretur.

Das Dekret und damit dann auch der Uebergang gehört nicht zu der Abhandlung. Im Anschluss an dieses Ergebniss mag sich der Verdacht regen, auch der ganze erste Abschnitt, der im Brüsseler Codex fehlt, sei kein ursprünglicher Bestandtheil des Aufsatzes. Als weiteren Grund könnte man hinzufügen, dass die Verherrlichung des Papstthums, wie sie hier vorliegt, vielleicht auch die breitere Darlegung zu dem späteren, doch sehr knappen und keineswegs papistischen Theile in einem argen Gegensatze stehe. Aber den Brüsseler Codex, der gegen die Ursprünglichkeit zeugen könnte, entkräftet doch der Wiener, in welchem wenigstens ein grösseres Stück des ersten Theiles sich findet. Was dann die papistische Färbung betrifft, so ist sie nur eine scheinbare. Denn am Schlusse leitet der Autor ein: der Papst soll keinem Richter unterstehen, wohlverstanden nisi forte contigerit iniuste et contra imperatoriam dignitatem subintroductus quis fuerit. Noch eine andere, zu Gunsten des Kaisers gemachte Bedingung soll die Prärogative des Papstes aufheben: leider ist hier unsere Ueberlieferung verstümmelt; die Meinung des Autors wird aber wohl dahin gegangen sein, dass dem Kaiser bei einem Schisma die Entscheidung zustehe. Es bleibt die unverhältnissmässige Ausführlichkeit. Anstatt mich gegen dieselbe zu wenden, verweise ich auf ein positives Moment, welches mir für die gleichsam organische Zusammengehörigkeit beider Theile zu zeugen scheint. Der im Brüsseler Codex fehlende Abschnitt schliesst mit den Worten: Quod quidem Romani imperatoris censura destruxit, etiam per se ipsam plerumque hoc idem Romana correxit ecclesia. In allen drei Ueberlieferungen heisst es später De Dioscoro autem quod corrigendum fuerat, Romana per se ipsam ecclesia correxit. [1]

Ueber die Tendenz der Schrift glaube ich mich kurz fassen zu dürfen. Was der Autor beabsichtigte, ist der Nachweis, dass die Absetzung Gregors VII. durch Heinrich IV. das Recht der Geschichte für sich habe, dass die vom Kaiser

[1] Vielleicht kann man auch Folgendes aufführen: im Pariser

vorgenommene Erhebung Clemens III. keineswegs der Präcedenzfälle entbehre: er schreibt in gleichem Sinne, in welchem wenigstens zum Theile auch Wido von Osnabrück und Berald von Farfa geschrieben haben. Daher wählte ich als Titel zu dieser Untersuchung: „Eine Streitschrift zu Gunsten kaiserlicher Suprematie“.

Ich wende mich zu den Quellen. Offenbar hat der Autor das Wahldekret von 1059 benutzt. Den in demselben ausgesprochenen Fluch, dass ein unrechtmässig gewählter Papst nicht Papst, sondern Satan, nicht Apostolicus, sondern Apostaticus sein solle, hat er fast wörtlich beibehalten. Im Uebrigen ist die Benutzung keine ganz genaue: ich habe schon oben hervorgehoben, dass nach seinem Auszuge das Zustimmungsrecht Heinrich III. und IV. gewahrt sein soll, während der Erstere im Jahre 1059 doch längst gestorben war. Das ist eine Leichtfertigkeit: — die Art und Weise, in welcher er seine zweite Quelle verwerthete, muss man schon mit einem schlimmeren Ausdrucke bezeichnen. Wenigstens an vier Stellen liest man im Papstbuch, worauf er sich beruft, etwas ganz Anderes oder vielmehr Nichts von Dem, was es enthalten soll.

Dass Ursinus, der Gegner des Damasus, vom Kaiser vertrieben sei, sucht man in der angeführten Quelle vergebens. Theodorich hat den Peter, welcher sich gegen den Symmachus erhebt, nicht aus Rom vertrieben, vielmehr hat er den Peter nach Rom entsandt, damit er Papst sei: ein Conzil stürzt denselben. Wenn es heisst: De Dioscoro autem quid corrigendum fuerat, Romana per se ipsam correxit ecclesia, so ist nach der vorausgegangenen Regel: Quod quidem Romani imperatoris censura destruxit, etiam per se ipsam plerumque hoc idem Romana correxit ecclesia ein Eingriff des Kaisers im Sinne der später durch die Kirche erfolgenden Selbstberichtigung zu ergänzen. Aber im Papstbuch ist vom Kaiser keine Rede. Endlich sind auch Philipp und Constantin nicht von Karl und Karlmann gestürzt; der Antheil der Könige

(Julium) super multis insimulatum: in allen Dreien (Johannem) super multis mirabiliter accusatum: im ersten Theile: (Julium) vituperatum respuebant; im zweiten: (Eulalium) respuentes expulerunt.

beschränkt sich auf Entsendung von Boten: diese betheiligen sich dann an dem Conzil, welches den Constantin entsetzt; Philipp aber ist längst in sein Kloster zurückgekehrt.

Anderes stimmt mit dem liber pontificalis überein, so namentlich die Geschichte von Bonifaz und Sergius. Aber damit kann der in Obigem enthaltene Vorwurf einer gewissenlosen Quellenbenutzung nicht einmal abgeschwächt werden.

Man begreift, dass ein Autor so ohne historisches Gewissen, wie der unsrige, auch eine Stelle, für die er im Papstbuche aber auch gar keinen Anhalt fand, durch dessen Autorität belegte: er hat die lange Geschichte vom Papst Julius, die von der Verherrlichung des Papstthums ausgeht, damit nachher das Kaiserthum um so höher gestellt werde, auf den liber pontificalis zurückgeführt, obwohl in keiner der bekannten Handschriften auch nur ein Wort darüber zu finden ist. Leider ist es mir nicht gelungen, seine wahre Quelle nachzuweisen. Die von ihm erzählte Geschichte ist recht merkwürdig. Die Excommunication, welche die Orientalen über Papst Julius verhängten, ist uns im Wortlaut erhalten,[1] aber Gedanken, wie etwa der, dass die römische Kirche doch gewissermassen nur der Schwanz der orientalischen sei, sind darin nicht ausgesprochen. Dagegen kennen wir im Auszuge einen Brief aus früheren Stadien des Streites, und hier begegnen wir wenigstens einer ganz gleichen Behauptung. Nach Sozomen. III. 8 erklärten die orientalischen Bischöfe: fidei doctores ad eam (sc. Romanam ecclesiam) ex orientis partibus advenissent; nach unserem Autor: quod orientalis ecclesia per doctores et indigenas suos, videlicet Petrum et Paulum, ad partes occiduas ramos et palmites sancte predicationis extendendo perduxerit. Zu dem ganzen Tone aber passt die Bemerkung in der uns erhaltenen Antwort des Papstes: Superbia et arrogantia scribentium per epistolam se prodebat.[1] Möglicherweise sind in der Vorlage unseres Autors der Brief

---

[1] S. Hilarii opera ed. Benedict. II. 647—668. Danach die Conziliensammlungen, zuletzt Mansi III. 127—140.

[2] Athanas. Apolog. contra Arian. c. 21. Opera ed. Benedict. Patav. I.ª 111.

und die Excommunication in Eins zusammengeflossen. Dann wäre das Excerpt ein kleiner Beitrag zur Entstehungsgeschichte des Primats Petri.

Doch ich kehre nach dieser Abschweifung zu meiner eigentlichen Aufgabe zurück. Es erübrigt noch die Frage: von wem und wann ist die Schrift verfasst?

Die Tendenz bestimmt den terminus a quo: Gregor wurde durch Clemens III. im Jahre 1084 ersetzt.[1] Einen terminus ad quem möchte ich mit voller Sicherheit nicht angeben. Doch ist es ja am Natürlichsten zwischen That und Rechtfertigung einen nicht allzu grossen Zwischenraum zu setzen. Dann verdient auch Beachtung, dass vom Tode Gregors, von einem Nachfolger aus seiner Partei keine Rede ist. Clemens aber wurde am 22. März 1084 geweiht, und der 25. Mai 1085 ist Gregors Todestag.[2]

Was dann den Autor betrifft, so ist am Rande des Brüsseler Codex das Werkchen dem Sigebert zugeschrieben: der Glossator meinte natürlich den Sigebert von Gembloux. Man kann hinzufügen, dass der Codex aus Gembloux stammt, und daraus eine Bestätigung eben für Sigeberts Autorschaft entnehmen. Danach hat Bethmann geglaubt,[3] hier jene anderweitig nicht erhaltene Schrift Sigeberts gefunden zu haben, von

---

[1] Ich meine natürlich nicht die Wahl, sondern die Weihe, worauf sich ganz ausdrücklich auch unser Autor bezieht.

[2] Wenn Saur in der hist. Zeitschrift XVII. 167 bemerkt, das Werkchen könne „nicht wohl um 1084 entstanden sein, weil darin von der glücklich errungenen Alleinherrschaft Heinrichs IV. die Rede ist"; so bestimmte ihn doch wahrscheinlich folgende Stelle des Brüsseler Codex: pater scilicet Henrici, qui solus his temporibus monarchiam regni gladio potenti et invicto gubernat, stabilivit, ut nullus in apostolica sede absque electione sua et filii sui eligeretur. Abgesehen davon, dass solus im Pariser Codex fehlt, ist es doch auch im Brüsseler nicht mit Bezug auf Beseitigung des Gegenkönigthums gesagt, sondern mit Bezug auf Heinrich III., welchen der folgende Schwur ja auch berücksichtigt, während zur Zeit des Schreibers Heinrich IV. allein in Betracht kommen kann. Gladio potenti et invicto scheint mir eine ganz passende Bezeichnung: mochte der Gegenkönig Hermann noch nicht bezwungen sein, Heinrich war doch in Rom eingezogen und Kaiser geworden.

[3] M. G. SS. 272 Anm. 40.

welcher er selbst De scriptoribus ecclesiasticis cap. 171 sagt: validis patrum argumentis respondi epistolae Hildebrandi papae, quam scripsit ad Hermannum Metensem episcopum in potestatis regiae calumniam. In dem angeführten Briefe aber handelt Hildebrand über die Berechtigung des Papstes, Könige zu bannen und Völker vom Treueide zu entbinden, — also von einer Materie, worüber in unserem Werkchen aber auch mit keiner Silbe die Rede ist. Ueberdies sagt Sigebert: validis patrum argumentis respondi. Hier findet sich nicht ein einziges Citat aus den Vätern. So ist die vorliegende Streitschrift keineswegs das angeführte Werk Sigeberts.[1] Ob ein anderes? In dem Kataloge seiner Schriften, den Sigebert selbst verfasst hat, eben in dem angeführten Kapitel des Lexicons von Kirchenschriftstellern, findet sich kein Titel, der auf unseren Aufsatz bezogen werden könnte. Was wohl mehr bedeutet: Sigebert arbeitet sonst mit einer viel umfassenderen Belesenheit und Gelehrsamkeit, und ein Werk von ähnlicher Gewissenlosigkeit hat er nie geschrieben.[2] Sigeberts von Gembloux Autorschaft ist trotz der Randglosse in dem Codex seines eigenen Klosters nicht zu halten.[3] Leider muss ich mich mit dieser Negation begnügen: für eine positive Aufstellung fehlt mir jeder Halt.

---

[1] So auch Giesebrecht Kaiserzeit III. 1049. Wattenbach Geschichtsquellen II. 121. Anm. 2.

[2] Um sich von den Widersprüchen zwischen unserer Schrift und Sigeberts Chronik zu überzeugen, vergleiche man z. B. dort den Satz: Petrum etc. Theodericus rex expulit und hier ad an. 496: rex Theodericus episcopum Petrum contra canones etc. instituit.

[3] Wenn Bachmann Archiv f. oest. Gesch. LIV. 386 Anm. 1. Die folgende Stelle in Johannis Rabensteinensis Dialogus: Sigibertum historiographum veridicum consulere potes, noviter papam dicentem istam auctoritatem sibi usurpasse, ob quod maxima bella, clades et primum pessima in ecclesia dei venit dissidio auf unsere Streitschrift bezieht, so sehe ich dazu keinen Grund. Ista auctoritas, von der Sigebert reden soll, bezieht sich nach dem Zusammenhange auf das von den Päpsten beanspruchte Recht, Könige absetzen zu dürfen. Nicht einmal von der Absetzung Heinrichs IV. ist in unserer Schrift die Rede.